ANDREAS SCHWEITZER

TRADE FINANCE

ANDREAS SCHWEITZER

TRADE FINANCE

Erfolgreich investieren in den Binnen- und Außenhandel

FBV

Bibliografische Information der Deutschen Nationalbibliothek
Die Deutsche Nationalbibliothek verzeichnet diese Publikation in der Deutschen Nationalbibliografie. Detaillierte bibliografische Daten sind im Internet über https://dnb.de abrufbar.

Für Fragen und Anregungen
info@m-vg.de

Wichtiger Hinweis
Ausschließlich zum Zweck der besseren Lesbarkeit wurde auf eine genderspezifische Schreibweise sowie eine Mehrfachbezeichnung verzichtet. Alle personenbezogenen Bezeichnungen sind somit geschlechtsneutral zu verstehen.

1. Auflage 2025

Türkenstraße 89
80799 München
Tel.: 089 651285-0

Übersetzung: Ulrich Wille
Redaktion: Judith Engst
Korrektorat: Manuela Kahle
Umschlaggestaltung: Sabrina Pronold
Umschlagabbildung: Adobestock/cofficevit
Satz: Daniel Förster
Druck: CPI
Printed in the EU

Wir produzieren nachhaltig
www.m-vg.de

ISBN Print 978-3-95972-843-0
ISBN E-Book (EPUB, Mobi) 978-3-98609-621-2

Meiner Familie und dem Andenken unserer Eltern in Dankbarkeit und Liebe.

Es ist der Handel, der den Menschen ein Verständnis dafür gibt, dass sie gemeinsame Bedürfnisse haben und gemeinsam handeln müssen, um diese Bedürfnisse zu befriedigen; der Handel ist Begründer und Vater von Unternehmertum, Erfindungsreichtum und Forschergeist.

Sir Walter Besant
Englischer Sozialreformer und Schriftsteller
(1836–1901)

INHALT

VORWORT VON JEFFREY STEINER

Liebe Leserin, lieber Leser,

dieses Buch stellt eine große Bereicherung dar mit seinen detaillierten strategischen Ausführungen zu einem Bereich der Finanzen und Investitionen, der solide Erträge bietet und einen erheblichen Einfluss auf wirtschaftliche Entwicklung und Wachstum hat. In der sich ständig wandelnden globalen Unternehmenslandschaft erweist sich die Handelsfinanzierung als unerschütterliche Säule – eine Anlageklasse, die oft übersehen wird, aber vor ungenutztem Potenzial auf den privaten Märkten nur so strotzt. Ich hatte das Privileg, als Vorstandsmitglied der kanadischen Exportkreditagentur EDC tätig zu sein. Da ich dabei die Komplexität des Bankwesens, des Rohstoffhandels und des interkontinentalen Handels kennengelernt habe, konnte ich mich aus erster Hand von der Widerstandsfähigkeit und dem strategischen Wert der Handelsfinanzierung überzeugen. In einer Welt, in der die Märkte schwanken und die Volkswirtschaften mit unvorhergesehenen Herausforderungen konfrontiert sind, bietet die Handelsfinanzierung etwas Seltenes: Stabilität, Sicherheit und beständige Erträge.

Handelsfinanzierung ist keine moderne Erfindung, sondern ein Vermächtnis, das bis zu den Anfängen des Handels zurückreicht. Stellen Sie sich vor: Antike mesopotamische Händler legten 3000 vor Christus den Grundstein für das, was wir heute als Handelsfinanzierung kennen. Dies setzte sich viel später im Römischen Reich, mit der Seidenstraße und den italienischen Handelsbanken des 13. Jahrhunderts fort, wobei in jeder Epoche die Mechanismen immer weiter verfeinert und ausgebaut wurden, mit denen der weltweite Handel und das Wirtschaftswachstum vorangetrieben wurde. Im 18. Jahrhundert war London zum Herzstück der weltweiten Handelsfinanzierung geworden, mit Akkreditiven und Bankakzepten als Pulsschlag. Heute stehen wir am Rande einer neuen Revolution – Blockchain und Künstliche Intelligenz sind aufgetaucht und bringen Effizienz, Transparenz und Geschwindigkeit in einen Prozess, der sich in der Moderne entwickelt hat. Es wurde Raum für private Investoren in der Handelsfinanzierung geschaffen, da die jüngsten Reformen der Bankenregulierung, einschließlich Basel III, die Banken davon abhält, ihr Kapital in diesem Bereich einzusetzen. Nichtsdestotrotz ist dieser Bereich nach wie vor rentabel und weist eine zuverlässige Wiederkehr von Transaktionen mit bewährten Geschäftspartnern auf.

Gleichgültig, ob Sie erfahrener Experte, neugieriger Student oder ein Neuling in der Finanzwelt sind: Dieses Buch öffnet Ihnen die Tür zu einem besseren Verständnis, warum die Handelsfinanzierung wichtiger ist denn je. Auf diesen Seiten werden Sie die Mechanismen der Handelsfinanzierung und ihre Rolle als wichtiges Instrument zur Risikominderung, zur Absicherung gegen Inflation und zur Nutzung von Chancen in einem volatilen globalen Markt entdecken.

Eine der spannendsten Entwicklungen der letzten Jahre ist die Demokratisierung des Investierens in Handelsfinanzierung. Früher erforderte der Einstieg in diesen Bereich erhebliches Kapital, was den Zugang oft auf institutionelle oder professionelle Anleger oder zahlungskräftige Banken beschränkte. Durch den Aufstieg dezentraler Finanzplattformen (DeFi) haben sich die Spielregeln jedoch geändert. Jetzt können sich Anleger mit nur 100 US-Dollar über spezielle DeFi-Investitionspools an Handelsfinanzierungen beteiligen, so dass diese einst exklusive Anlageklasse für ein breiteres Publikum zugänglich ist. Dieser Wandel öffnet die Türen für weitere Investoren und verweist auf eine Zukunft, in der Handelsfinanzierung sowohl inklusiv als auch innovativ ist.

In den einzelnen Kapiteln dieses Buches erfahren Sie, wie sich die Handelsfinanzierung an die aktuellen Herausforderungen angepasst hat.

Dazu gehören die Einbindung von ESG-Prinzipien, der Aufstieg von DeFi und die einzigartigen Synergien zwischen kleinen und mittleren Unternehmen (KMU) und globalen Handelshäusern. Jedes Kapitel baut auf dem vorhergehenden auf, so dass ein umfassender Überblick über eine Anlageklasse geboten wird, die den weltweiten Handel durch einen strategischen Weg für diejenigen vorantreibt, die ihre Portfolios mit risikoärmeren und ertragreicheren Anlagen diversifizieren möchten.

Dieses Buch ist nicht nur ein Leitfaden, sondern eine Einladung, die Handelsfinanzierung durch eine neue Brille zu betrachten, die ihr Potenzial als Katalysator für nachhaltiges Wachstum und globalen Wohlstand sichtbar macht. Ob Sie nun die Handelsfinanzierung als Investition in Betracht ziehen oder einfach nur Ihr Finanzwissen erweitern möchten: Auf diesen Seiten finden Sie wertvolle Erkenntnisse und umsetzbare Strategien.

In einer Welt, in der das Finanzwesen oft fremd und komplex erscheint, bietet dieses Buch eine erfrischende Perspektive – klar, aufschlussreich und direkt anwendbar auf die reale Welt. Ich möchte Sie ermutigen, dieses Buch zu lesen, die Nuancen der Handelsfinanzierung zu erforschen und zu entdecken, warum sie sich als einzigartiges und leistungsstarkes Instrument in der heutigen Finanzlandschaft erweist.

Jeffrey Steiner
Vorstandsvorsitzender & CEO Canada-Saudi Arabia Business Council
Toronto, im Winter 2024
http://ca.linkedin.com/pub/jeffrey-steiner/9/616/146/

VORWORT DES AUTORS

Die folgenden Seiten enthalten Auszüge aus jahrelanger Forschung zur Handelsfinanzierung. Mein Wunsch ist es, dem Leser, der sich für Finanzen interessiert, einen Einblick in die Handelsfinanzierung als Anlageklasse zu geben.

Der erste COVID-19-Lockdown im Frühjahr 2020 war Sand im Getriebe für das Geschäftsmodell unseres Unternehmens Arjan Capital. Er zwang mich dazu, gründlich zu überdenken, was mein Unternehmen überhaupt noch anzubieten hat und wie ein Geschäft nach der Pandemie aussehen könnte. Nachdem ich jahrelang täglich mit Handels- und Zahlungsangelegenheiten konfrontiert war, begann ich, kurzfristige Handelsgeschäfte auf bescheidener Basis zu finanzieren mit Parteien, die ich gut kannte.

Arjan Capital unterstützt mittlere und große Unternehmen bei der Abwicklung und Durchführung ihrer Handelsgeschäfte und beim Eintreiben ihrer ausstehenden Forderungen, oft auch in Märkten, die auf den ersten Blick unbedeutend erscheinen. Unser Alleinstellungsmerkmal besteht darin, unseren Kunden in das Land des Handelspartners zu begleiten oder in seinem Auftrag dorthin zu gehen, darunter Orte wie Kabul oder Herat in Afghanistan, wo wir einem europäischen Marktführer in seiner Branche 2020/2021, vor dem Sturz der damaligen Regierung durch die Taliban, geholfen haben, eine verlorene Ausschreibung der damaligen afghanischen Regierung zurückzugewinnen. Wir decken eine Nische ab, die auch für größere Unternehmen interessant ist.

Es ist uns klar geworden, dass das weltweit nicht finanzierte Handelsdefizit, zu dem wir später noch kommen, enorm ist. Wir haben daraus den Schluss gezogen, dass Handelsfinanzierung für mittelständische Unternehmen ausgezeichnete geschäftliche Aussichten bietet, sogar während einer Pandemie.

Der Schlüssel dazu ist eine solide Hintergrundrecherche. Während Aktien, Anleihen, Börsenhandel und Devisen gründlich analysiert worden sind, wird über Handelsfinanzierung kaum in der Öffentlichkeit berichtet. Nützliche kommerzielle Handelsinformationen sind allenfalls von supranationalen Institutionen wie der Weltbank, dem Internationalen Währungsfonds (IWF), der Internationalen Handelskammer (International Chamber of Commerce, ICC) und einigen Anwaltskanzleien und Unternehmensberatungen erhältlich.

Das reichte uns nicht und wir stellten ein eigenes Analyse-Team zusammen. Wir entschieden uns, ein Investitionsprogramm aufzusetzen, das kurzfristige Handelstransaktionen mit besicherten Forderungen finanziert.

DANKSAGUNG

Analysen zu finanziellen Themen sind eine faszinierende Disziplin, und ein Buch zu schreiben, ist eine faszinierende Erfahrung. Ich bin wahrhaft dankbar für die vielen Köpfe und Stimmen, die mir geholfen haben, das wirklich Wichtige kritisch zu reflektieren und konzentriert zu bleiben. Als geduldiger Leser sind Sie der oberste Richter und ich bin dankbar für Ihre Kommentare oder andere Beiträge zu diesem Thema.

Viel verdanke ich Grace O'Donnell, die mir geholfen hat, überhaupt damit anzufangen. Mohsin Naveed verbringt nach wie vor unzählige Stunden mit der Recherche und liefert seinen speziellen wertvollen Beitrag. Wir schätzen uns glücklich, Judith Engst in Deutschland kennengelernt zu haben, die nicht nur die deutsche Fassung dieses Buches redigiert hat, sondern als zweisprachige Finanzjournalistin auch kritische Gedanken beisteuerte, die bei der Erstellung dieser neuen Fassung erforderlich waren. Mein herzlicher Dank geht auch an Daniel Haddad, der uns mit seinem profunden Wissen über Handel und Recht Sicherheit gegeben hat.

Ein Buch zu schreiben ist so, als hätte man ein Geheimnis, das man dringend mit jemandem teilen will, obwohl man weiß, dass man das eigentlich nicht tun sollte. Letztlich braucht man entgegenkommende Leser, die gewillt sind, sich ihren Weg durch das zu bahnen, was dem eigenen Empfinden nach immer noch wie eine Baustelle aus Wörtern und Sätzen wirkt. Ich danke meinen Freunden und Familienmitgliedern, dass sie großzügig meiner Bitte nachgekommen sind, sich durch immer wieder veränderte Manuskripte zu arbeiten und mir wertvolles Feedback zu geben.

Ohne die Liebe und den Ansporn durch meine Frau Ashoob und meine Familie würde ich vielleicht immer noch im Garten sitzen und auf einem virtuellen Kugelschreiber herumkauen. Mein allergrößter und herzlicher Dank geht an Euch.

Andreas Schweitzer
Frühling 2025
office@artistradeinvest.com

ZUSAMMENFASSUNG

Handelsfinanzierung wird oft von Anlegern übersehen. Sie ist so etwas wie ein »Schneewittchen« in der Welt der Vermögensallokation – eine verborgene Schönheit, die darauf wartet, geweckt zu werden. Die COVID-19-Pandemie hat die riesige Lücke des nicht finanzierten Handels aufgedeckt und die Aufmerksamkeit anspruchsvoller Anleger geweckt, die nach stabilen Renditen mit geringer Volatilität suchen, die nicht mit den traditionellen Kapitalmärkten korrelieren.

Mit diesem Buch möchte ich Ihnen, liebe Leserin, lieber Leser, wertvolle Einblicke in die Möglichkeiten geben, welche die Handelsfinanzierung bietet – ganz gleich, ob Sie nun zu den vorausschauenden privaten oder aber zu den professionellen gewerblichen Investoren gehören, die von einem kreditbesicherten Markt von beträchtlichem Ausmaß profitieren möchten.

In diese zweite Auflage habe ich meine Beiträge für das Forbes Finance Council aufgenommen, in dem ich seit Juli 2023 Mitglied bin und wo ich seither eine Reihe von Artikeln über das Thema Handelsfinanzierung veröffentlicht habe. Dazu gehören die neuesten Entwicklungen in der Handelsfinanzierung, einschließlich der transformativen Rolle der dezentralen Finanzierung (DeFi), der Bedeutung eines exakten Benchmarkings und des wachsenden Einflusses von ESG-getriebenen Investitionen. Diese Einblicke bieten einzigartige Perspektiven, die Sie kaum irgendwo anders finden, und versorgen Sie mit topaktuellem Wissen, um sich Ihren Weg durch die sich entwickelnde Landschaft der Handelsfinanzierung zu bahnen.

In diesem Buch erfahren Sie, warum die Handelsfinanzierung immer mehr zu einer attraktiven Investitionsmöglichkeit wird:

1. Traditionelle Finanzinstitute ziehen sich aus diesem Markt zurück, was privaten Investmentfirmen die Möglichkeit gibt einzuspringen.

2. Die Handelsfinanzierungslücke, die vom Weltwirtschaftsforum auf 2,5 bis 6 Billionen US-Dollar geschätzt wird, stellt eine bedeutende Investitionsmöglichkeit dar.

3. Aufgrund umfassender Strategien zur Risikominderung sind Handelsfinanzierungskredite mit einem geringeren Risiko verbunden als allgemeine Unternehmenskredite.

4. In der Vergangenheit hat die Handelsfinanzierung maßgeblich zum weltweiten Erfolg von Unternehmen wie Mitsubishi und Walmart beigetragen.

5. Die Handelsfinanzierung bietet stabile Einnahmen auch in Zeiten wirtschaftlicher Unsicherheit, unterstützt durch eine Kreditversicherung.

6. Langfristige Investitionsbeziehungen in der Handelsfinanzierung werfen vorhersehbare Gewinne ab und bieten ausgezeichnete Stabilität.

7. Nach dem Vorbild erfolgreicher Investoren wie Warren Buffett setzen immer mehr Menschen auf besicherte Handelsfinanzierungen als strategische Investition.

8. Handelsfinanzierungen können vorhersehbare Renditen liefern, ohne den Markt schlagen zu müssen. Das macht sie zu einer wertvollen Alternative in Zeiten des wirtschaftlichen Abschwungs.

9. Die Weltwirtschaft hängt stark vom Handel ab. Wenn sie mit den Zielen für nachhaltige Entwicklung der Vereinten Nationen in Einklang gebracht wird, kann die Handelsfinanzierung einen erheblichen positiven Einfluss haben und gleichzeitig Rentabilität bieten. Diese Anlageklasse dient sowohl dem finanziellen als auch dem gesellschaftlichen Nutzen.

Am Ende dieses Buches werden Sie sich vielleicht dazu inspiriert fühlen, Handelsfinanzierungen als Anlagemöglichkeit zu erkunden und sich die Devise »gut investieren, gut schlafen« zu eigen zu machen. Vielleicht stellen Sie aber auch fest, dass diese Anlageklasse nicht zu Ihrer Strategie passt. In jedem Fall lade ich Sie ein, sich mit mir in Verbindung zu setzen – sei es, um potenzielle Anlagemöglichkeiten zu besprechen, sei es, um neue Erkenntnisse zu gewinnen oder Gedanken auszutauschen.

Nehmen Sie gerne mit mir Kontakt auf über office@artistradeinvest.com oder +44 7881 782 041 (wir sind auch über WhatsApp, Telegram, Signal und Threema erreichbar). Weitere Informationen und Einblicke finden Sie auf unseren beiden Websites www.arjancapital.com und www.artistradeinvest.com. Wir freuen uns darauf, von Ihnen zu hören und das Gespräch fortzusetzen.

EINLEITUNG

Es ist ein seltsames Paradox: Während die Aktienmärkte in den Medien ständig Aufmerksamkeit erregen und jede Kursschwankung, jede Unternehmensmaßnahme, jede Entscheidung der Zentralbanken und jede Marktreaktion bis ins kleinste Detail seziert wird, bleiben die Finanzmechanismen, die den Welthandel antreiben, weitgehend unbeachtet. Obwohl die Handelsfinanzierung ein jährliches Handelsvolumen von sage und schreibe 24 Billionen US-Dollar ermöglicht, steht sie nur zu einem kleinen Teil im Rampenlicht der Medien. Das mag daran liegen, dass sie nur ein Achtel des Börsenumsatzes ausmacht. Oder es liegt an der Auffassung, dass die Handelsfinanzierung ein Nischenbereich ist, der ein hohes Maß an Fachwissen erfordert, um profitabel zu sein, und sich nicht an Kleinanleger, sondern eher an Unternehmen oder professionelle Anleger richtet – so zumindest die vorherrschende Meinung.

Die Handelsfinanzierung ist nicht nur ein wesentlicher Motor des internationalen Handels. Sie bietet professionellen Anlegern attraktive Möglichkeiten, die oft weniger komplex sind, als man annehmen könnte. Mein Ziel in den folgenden Kapiteln besteht darin, diesen dynamischen Sektor besser sichtbar zu machen und sicherzustellen, dass er die Berichterstattung erhält, die er verdient. Bevor ich auf die Einzelheiten eingehe, möchte ich erzählen, wie ich selbst dieses faszinierende Gebiet entdeckt habe und warum ich glaube, dass es ein vielversprechendes Thema für jeden ist, der sich für Wirtschaft und Investmentmöglichkeiten interessiert.

Wie ich zur Handelsfinanzierung gekommen bin

Ich habe immer gewusst, dass ich in der Geschäftswelt arbeiten würde, aber ich hatte nie erwartet, dass sich ein Großteil meiner Karriere um Handel und Finanzierung drehen würde. 40 Jahre später jedoch kann ich mir nicht vorstellen, irgendetwas anderes zu tun.

Mein Großvater und mein Vater führten ein Unternehmen für Frottier-Mode im schwäbischen Tübingen, das 1924 den Betrieb aufgenommen hatte. Es deckte die gesamte Wertschöpfungskette ab. In der Firma wurde nicht nur gewebt und gefärbt. Mein Großvater kaufte die Baumwolle und spann sie, dann bleichte, färbte und verwob er sie. Danach wurde von der Mode-Abteilung Frotteekleidung entworfen. Als ich 20 war, erlaubte mir mein Vater, einen Sommer lang ein Praktikum in seinem Unternehmen zu machen, was mein Interesse am Handel weckte. Ich fand die Textilindustrie faszinierend und glamourös.

Mein Schulwissen zum Thema Handel reichte keineswegs, um zu verstehen, worauf es in der Textilindustrie ankommt. Ich hätte einige Jahre damit verbringen müssen, mir Kenntnisse über Garne, Fäden, Weberschiffchen und Färbeverfahren anzueignen und zu lernen, wie dieses Geschäft funktionierte. Ich war überglücklich, endlich die Schule hinter mir gelassen zu haben, und wollte das Wissen über den Handel anwenden, das ich gerade durch meinen Abschluss an der École Supérieure de Commerce in Neuchâtel in der französischsprachigen Schweiz erworben hatte. Ich war ruhelos und freute mich darauf, in der Welt unterwegs zu sein. Weiteres Studieren stand nicht auf meiner Tagesordnung.

Ich schloss meinen schweizerischen Wehrdienst als Luftbeobachter ab. Dabei unterstützten wir mobile Flugabwehr-Radarstationen in den Tälern der Schweiz von entlegenen Orten in den umgebenden Bergen aus. Zu unserem Training gehörte auch das Bergsteigen, sowohl zu Fuß als auch auf Skiern. Leider fiel unsere Division bald dem schnellen technischen Fortschritt zum Opfer, aber ich habe wirklich tolle Erinnerungen an meine sportliche Zeit bei der Schweizer Armee. Im Jahr

1981 stellte mich die renommierte Schweizer Privatbank A. Sarasin & Cie. in Basel als ihren allerersten Trainee ein.

Ein Jahr später hatte ich das Glück, eine Praktikumsstelle im neueröffneten Büro von A. Sarasin in St. Andrew's Hill gleich an der St. Paul's Cathedral in London angeboten zu bekommen. Die Business-Luft in der Londoner City zu atmen, motivierte mich dazu, meine Kenntnisse abermals zu erweitern. Ich studierte Portfoliomanagement an der London School of Economics, während ich tagsüber als Trainee in der Bank arbeitete. Zwei Jahre später verließ ich das Bankwesen; es riss mich einfach nicht vom Hocker. Noch schlimmer war, dass ich gar nicht wusste, wofür ich mich tatsächlich begeistern konnte.

Eines Abends im Winter in unserem Familien-Chalet in Fidaz, einem pittoresken Dörfchen oberhalb von Flims in den Bergen von Graubünden in der Schweiz, beschlossen mein lieber Schulfreund und Musikliebhaber Urs (ein typischer Schweizer Name) und ich, unserem Repertoire eine Sprache hinzuzufügen, aber welche? Ich zog Portugiesisch in Betracht; Urs entschied sich für Italienisch, die Sprache der Musik. Da ich mich noch überaus gut an autofreie Sonntage während der Ölkrise erinnerte, fühlte ich mich mehr dazu berufen, Arabisch zu lernen als Sprache, die in Zukunft nützlich sein könnte.

Es gab auch eine familiäre Verbindung zum Arabischen. Mein Großvater Hermann kaufte einen großen Teil seiner langstapeligen Baumwolle* in Ägypten ein und sprach fließend Arabisch, wie auch meine Tante, Prof. Dr. Ursula Schweitzer, die das Ägyptologische Institut an der Universität Basel ins Leben rief und leitete. Urs und ich entschieden uns für Spanisch. Eines Morgens im Januar 1984 fuhren wir mit seinem Wagen auf einen Autozug und kamen einen Tag später im sonnigen Malaga in Andalusien an. Wir sprachen einigermaßen gut Spanisch, bis uns dann später in diesem Jahr aufging, dass es Zeit für den Ernst des Lebens wurde. Wir verließen Malaga und seine Flamenco-Abende, um uns einen Job zu suchen. Doch das war leichter gesagt als getan.

---

* Langstapelige Baumwolle ist außergewöhnlich fein und fest und wird für sehr hochwertige Modetextilien verwendet.

Jeder 24-Jährige hat das Recht, optimistische Erwartungen zu hegen, zumindest für eine gewisse Zeit, aber irgendwann sollte die Wirklichkeit ins Bewusstsein dringen. Nach langen Monaten mit Vorstellungsgesprächen, die zu nichts führten, hatte ich wieder Glück.

Ich bewarb mich als Assistent eines Finanzdirektors. Die Personalchefin regte ein Treffen mit ihrem Kunden an, den sie als eine nicht gerade gewöhnliche Schokoladenfirma beschrieb. Jacobs Suchard (heute Teil von Mondelez) war außergewöhnlich, ein deutscher Kaffeekonzern mit Milliardenumsatz, der kurz zuvor mit dem Schweizer Schokoladenunternehmen Suchard fusioniert und seinen Hauptsitz von Bremen ans Ufer des Zürichsees verlegt hatte.

Mitte der 1980er-Jahre war die Zeit von Apple, den PCs von Microsoft, den Advanced Technology Personal Computers (ATs) von IBM und auch von Lotus 1-2-3, einem frühen Tabellenkalkulationsprogramm. Jacobs Suchard hatte gerade einen unerklärlichen Verlust von zig Millionen Schweizer Franken erlitten. Schließlich wurde der Grund für diesen finanziellen Einbruch entdeckt: Der plötzliche Preisanstieg grüner Kaffeebohnen konnte nicht an die deutsche Hausfrau weitergegeben werden, die damals wahrscheinlich die wichtigste Käuferschicht für Jacobs-Kaffee war.

Das Management von Jacobs Suchard war jetzt ständig auf der Hut, um Waren- und Währungsrisiken zu erkennen und zu minimieren. Ich wurde in das Team aufgenommen, um eine Software zur Risikoüberwachung auf Basis einer Tabellenkalkulation für den PC mitzuentwickeln. Im Lauf des folgenden Jahres implementierte ich diese Software in allen Produktionsgesellschaften von Jacobs Suchard in Europa und in Nord- und Südamerika. Dabei konnte ich beträchtliches Know-how über Handelsrisiken erwerben.

Eines Freitagnachmittags im Juni 1986 steckte mein Chef, der leitende Controller, seinen Kopf in mein kleines Büro mit Blick auf den Zürichsee. Er kannte meinen Wunsch, im Ausland zu arbeiten. Seine Nachricht war kurz, aber aufregend:

»Wir brauchen jemanden in Panama für eine neue Aufgabe. Hättest du Interesse, für ein paar Jahre ins Ausland zu gehen?« Die Stelle würde bei der Banco Alleman-Panameño angesiedelt sein, der Handelsfinanzierungsbank von Jacobs Suchard. »Es eilt nicht«, sagte er. »Gib mir am Montagmorgen Bescheid.«

Drei Wochen später lebte und arbeitete ich in Panama City. Panama ist wohl das einzige Land, wo der Atlantik im Norden und der Pazifik im Süden liegt.

In der Handels- und Finanzabteilung eines Nahrungsmittelmultis zu arbeiten, war etwas völlig anderes als Schweizer Privatbanking oder der Londoner Eurobond-Boom, meine bisher einzigen echten Erfahrungen mit dem Markt. In Panama verwaltete ich Kaffee- und Kakao-Geschäfte der Gruppe für Lateinamerika. Mit 26 Jahren war ich für ein Geschäft im Umfang einer halben Milliarde Schweizer Franken verantwortlich.

Die Strukturierung und Finanzierung von Handelsgeschäften war der Kernpunkt aller Geschäftsvorgänge, um die mein Denken kreiste. Ich hätte keine bessere Gelegenheit finden können, um vor Ort und unter Hochdruck etwas über den Handel und seine Finanzierung zu lernen. Mit Ausnahme von Britisch- und Niederländisch-Guayana habe ich in dieser Zeit den Boden aller Länder betreten, in denen es Kaffee- oder Kakao-Plantagen oder eine Produktionsstätte von Jacobs Suchard gab, von San Salvador und Guatemala im Norden bis Brasilien und Argentinien im Süden des Kontinents.

Nach Panama arbeitete ich in Paris bei Crédit Français International, der französischen Handelsfinanzierungsbank der Gruppe. Ich verließ Jacobs Suchard im Jahr 1990.

In jedem neuen Land, in dem ich arbeitete, erwarb ich die vor Ort nötigen Grundkenntnisse. Mithilfe der Finanzexperten der Gruppe lernte ich, mit einer hochinflationären Währung und ihren explodierenden Zinssätzen umzugehen, und eignete mir Kenntnisse über den Rohstoffhandel an. Dazu gehören ein tieferes Verständnis des Warenakkreditivs, das Identifizieren, Auswerten und Vermindern von Risiken, der Transport und schließlich die Überwachung von Zahlungseingängen. Ich arbeitete in einer der rauesten Handelsumgebungen der damaligen Zeit (wahrscheinlich Argentinien), ebenso wie in einer der angenehmsten (Panama und die Schweiz).

Während meiner Zeit in dieser Branche hat das Finanzwesen größere Veränderungen erfahren als der Handel. In puncto Schnelligkeit der Transaktionen und technischer Präzision haben sich die Vorgänge in der Branche der Handelsfinanzierungen verändert, doch sind die Grundlagen der Bewertung eines Handelsgeschäfts unverändert geblieben. Die Erfindung der Blockchain brachte es mit sich, dass Handelstransaktionen, die früher umfassend dokumentiert wurden, heute effizienter, transparenter und kostengünstiger durchgeführt werden. Alles in allem ist die Handelsfinanzierung sicherer geworden.

Zurück zum Lockdown. Eher weil sich die Gelegenheit dazu ergab als aufgrund einer Strategie begann ich, mein Geld in Handelsgeschäfte zu stecken, bei denen ich ausreichende Kenntnisse zumindest zu einem der Handelspartner und zu den Details hatte. Aus der zunehmenden Zahl der Handelsgeschäfte wuchs organisch ein Unternehmen – das Modell von Artis Trade Invest. Artis wird von demselben Team geleitet wie unser reguliertes Unternehmen Arjan Capital. Artis ermöglicht es Investoren, sicher auf der Welle der schnell wachsenden Handelsfinanzierungslücke zu reiten, indem sie in diese risikoarme Anlageklasse investieren, die stabile Renditen bietet und dazu beiträgt, den Welthandel im Gleichgewicht zu halten. In Zeiten negativer oder niedriger Zinssätze habe ich unser kreditversichertes Handelsfinanzierungskonzept als kurzfristiges Cash-Management-Instrument genutzt – und nutze es immer noch.

Das Handelsgeschäft von Artis heute

Bei Artis betreiben wir ein einfaches Geschäft: Wir sehen eine Chance dort, wo die Banken die Handelsgeschäfte von KMU nicht finanzieren. Unser Hauptaugenmerk liegt auf Geschäften innerhalb Europas, insbesondere auf der Iberischen Halbinsel. Wir sind jedoch auch offen für neue Gelegenheiten zur Handelsfinanzierung, wie Sie später in diesem Buch noch sehen werden.

Im Jahr 2009 sind wir wieder in die Welt des Handels eingestiegen, vor allem in Zentralasien, einem Markt, den wir vorher kaum gekannt hatten.

Aufgrund der geopolitischen Entwicklungen in den darauffolgenden zehn Jahren haben wir beschlossen, unsere Geschäftsstrategie und unseren geografischen Tätigkeitsbereich neu zu bewerten. Je mehr wir recherchierten, desto mehr wurde uns klar, dass es vor unserer europäischen Haustür zahlreiche Handelsmöglichkeiten gibt, sei es im Vereinigten Königreich, in einigen europäischen Ländern, in Spanien oder sogar in der Schweiz. Allmählich mussten wir Überlegungen dazu anstellen, und das Ergebnis war unser derzeitiges Nischengeschäftsmodell Artis Trade Invest, das sich auf den Handel mit Pharmaprodukten und Kraftstoffen auf der Iberischen Halbinsel konzentriert, beides regulierte Märkte, die unter EU-Recht fallen – ein fruchtbarer Boden für ein lohnendes Nischengeschäft. Warum gibt es solche Nischenmärkte überhaupt, und warum stürzen sich nicht alle auf eine solche Gelegenheit?

Kleine Märkte als attraktive Nische

Trotz der attraktiven Renditen sind einige Märkte aus monetärer Sicht oft zu klein und hinsichtlich der Einhaltung von Vorschriften zu komplex, als dass große Finanzinstitute daran interessiert oder dazu in der Lage wären, ihre kostspieligen Ressourcen dafür einzusetzen. Es zählt nicht allein die Rendite, sondern der Gesamtertrag in Pfund oder Euro, der auf einem solchen Markt erzielt werden kann. Die derzeitigen Nischenmärkte für Pharmaprodukte und Kraftstoffe, auf denen wir tätig sind, haben einen Umsatz in zweistelliger und nicht in dreistelliger Millionenhöhe. Sie sind daher für spezialisierte Handelsunternehmen wie uns attraktiv. Mit anderen Worten: Wir begnügen uns mit den (großen) finanziellen Krümeln des riesigen Handelskuchens.

Wir beobachten ständig, ob sich in anderen Teilen der Welt Handelsmöglichkeiten ergeben, vor allem in Afrika, Lateinamerika und Saudi-Arabien (siehe das Kapitel »Artis' wachsender Raum für Geschäfte: Erkundung des Handels in Saudi-Arabien«). Solange wir jedoch Handelsmöglichkeiten auf regulierten europäischen Märkten mit gesunden Renditen vorfinden, gibt es für uns keinen Grund, uns auf größere Risiken für unser Geld und das unserer Kreditgeber einzulassen. In Europa verstehen wir das Umfeld. Die Reisewege sind kürzer, wir kennen das Rechtssystem und im Großen und Ganzen beherrschen wir als Team diverse westeuropäischen Sprachen. Es gibt eine ganze Reihe von Argumenten dafür, sich auf das gute alte Europa zu konzentrieren, obwohl es allein schon aus Gründen der Diversifizierung sinnvoll sein kann, ein kleines Standbein in anderen Ländern und Regionen zu haben.

Weitere Nachforschungen ergaben, dass der pharmazeutische und medizinische Markt, vor allem der Spothandel, Kreditbedingungen für kreditversicherte Käufer erfordert. Der Ausdruck »Spothandel« bezeichnet den Kauf und Verkauf von Produkten oder Rohstoffen mit sofortiger Lieferung und Bezahlung, häufig zum aktuellen Marktpreis. Er wird in der Regel für Transaktionen verwendet, die eine rasche Abwicklung erfordern. Zurzeit finanzieren wir pharmazeutische und medizinische Geschäfte auf der Iberischen Halbinsel, also in Spanien und Portugal. Darüber hinaus gibt es jetzt Finanzierungen für Diesellieferungen vom Großhändler in Spanien an die Tankstelle in Spanien, die alle zwischen 12 und 18 Prozent pro Jahr abwerfen.

Klingt das zu schön, um wahr zu sein? Klingt das nicht zu gut, um Bestand zu haben? Mag sein, aber in diesem Fall bekommen wir unsere Investition jeweils in 35 bis 90 Tagen zurück und setzen das Geld in anderen Marktnischen ein.

Nischen aufgrund sehr anspruchsvoller ESG-Anforderungen

Ein weiterer Hintergrundfaktor muss in Betracht gezogen werden: Es sind die sogenannten ESG-Bestimmungen (Environmental, Social and Governance, also Umwelt, Soziales und Unternehmensführung). Sie sind ein Grund dafür, dass »schmutzige Produkte« nicht finanziert werden. Es kommt durchaus vor, dass Kraftstoff zwar verkauft und im Auto verbrannt wird, dass er aber aufgrund von ESG-Anforderungen von einem Finanzinstitut nicht in der Bilanz ausgewiesen werden kann. Wenn es keinen ESG-konformen Ersatz für solche Güter gibt, lässt sich natürlich trotzdem nicht auf den Handel mit ihnen verzichten, und ein Finanzier ist immer noch erforderlich. Ein weiteres Beispiel: Einige Finanzinstitute finanzieren die Lagerung oder Produktion von Schokolade nicht. Was soll am Osterhasen oder am Weihnachtsmann plötzlich verkehrt sein? Der Zucker. Zucker ist tödlich. Der Zuckerkonsum wird jetzt gesetzlich eingeschränkt, aber eine Finanzierung kommt nicht infrage. Kurzlebigen Modeartikeln wird – wahrscheinlich zu Recht – vorgeworfen, umweltschädlich zu sein, ganz zu schweigen von der Diskussion über die Arbeitsbedingungen in Südostasien. Dennoch laufen die Menschen immer noch nicht nackt herum. Sie hören auch nicht wegen des schmutzigen Kraftstoffs auf, Auto zu fahren oder zu rauchen oder Zucker zu konsumieren. Es gibt eine Diskrepanz zwischen Regulierung und Realität. Ist es deshalb verwerflich, damit Geschäfte zu machen? Dies, meine geschätzten Leserinnen und Leser, sei Ihrer Beurteilung anheimgestellt.

Warum Investoren der Handelsfinanzierung mehr Aufmerksamkeit schenken sollten, oder: »La nature a horreur du vide«

Die Welt der Handelsfinanzierung befindet sich in einem tiefgreifenden Wandel, der für Investoren eine günstige Gelegenheit darstellt. Jahrzehntelang wurde dieser Sektor von den Banken dominiert, die den kleinen und mittleren Unternehmen (KMU), die im internationalen Handel tätig waren, wichtige kurzfristige Finanzmittel zur Verfügung stellten. Strenge aufsichtsrechtliche Anforderungen haben das Engagement der Banken jedoch zunehmend eingeschränkt. Zu den Gründen könnte auch die mangelnde Rentabilität des Segments gehören, aber sicherlich sind auch die hohen Kosten für die Einhaltung der Vorschriften ein treibender Faktor.

Dieser Rückzug der traditionellen Kreditgeber und vor allem der Banken hat eine verlockende Marktgelegenheit geschaffen. Die Natur verabscheut ein Vakuum. Unbelastet von den nervtötenden regulatorischen Auflagen, denen Banken ausgesetzt sind, treten private Kreditunternehmen an, diese Lücke zu füllen. Mein Unternehmen ist ein Beispiel dafür. Es arbeitet innerhalb eines genau definierten und kontrollierten rechtlichen und regulatorischen Rahmens, aber frei von der ausufernden Bürokratie, die die Banken behindert hat. Die Handelsfinanzierung wird zwar oft ignoriert, bietet aber ein attraktives, hochprofitables Geschäftsmodell – zumindest sehen wir das so und gehen entsprechend damit um. Bei sorgfältiger Ausführung sind die Risiken bemerkenswert gering und die Renditen stabil. Die fehlende Korrelation dieses Sektors mit dem Aktienmarkt macht ihn noch attraktiver für Anleger, die in turbulenten Zeiten nach einer Diversifizierung suchen.

Soweit mir bekannt ist, hat Handelsfinanzierung nie eine Finanzkrise ausgelöst; allerdings wird das Material der Handelsfinanzierung – Geld – von Finanzkrisen beeinflusst. Der Handel (vor allem durch KMUs) ist ein wesentlicher Bestandteil der Ziele für nachhaltige Entwicklung der Vereinten Nationen (Sustainable Development Goals, SDGs). Ein nachwachsendes Angebot trägt zu einer gesünderen Wirtschaft bei. Der Handel hat sich immer als Impulsgeber für wirtschaftliches Wachstum erwiesen. Historisch hatte Handelsfinanzierung die niedrigste Ausfallquote, unabhängig von Finanzkrisen.

Ziel meines Buches ist es, Sie als Leser durch die Erfolgsgeschichte der Handelsfinanzierung zu führen, die Unternehmen wie Mitsubishi und Walmart eingesetzt haben, um dadurch zu den milliardenstarken Konzernen zu werden, die sie heute sind. Wenn Sie Investor sind, werden Sie durch die Lektüre die spezifischen verfügbaren Finanzierungsmöglichkeiten für den Handel und die Due Diligence verstehen, die unbedingt nötig ist, um eine Finanzierungsmöglichkeit zu schaffen.

Ich wünsche mir, dass Sie am Ende dieses Buches praktisch umsetzbare Kenntnisse zum Handelsfinanzierungs-Prozess besitzen. Sie werden erkennen, wie Sie diese Gelegenheit zu Handelsinvestments am wirksamsten einsetzen und wie sich diese am besten in Ihre eigene Investment-Strategie einbauen lässt, um Ihr Portfolio angesichts eines unsicheren Finanzmarkts und einer sich anbahnenden Weltwirtschaftskrise auszubalancieren.

KAPITEL 1

ZWECK UND EINFLUSS DER HANDELSFINANZIERUNG UND IHRE EIGNUNG ALS ANLAGEFORM

Die Handelsfinanzierung ist das Herzblut des globalen Handels. Sie stellt sicher, dass Unternehmen über Grenzen hinweg übergangslos operieren können, indem sie das notwendige Kapital bereitstellt, um die zeitliche Lücke zwischen Produktion und Zahlung zu überbrücken.

Diese zeitliche Lücke ergibt sich aus den unterschiedlichen Bedürfnissen von Exporteuren und Importeuren. Das Interesse der Exporteure an einer sofortigen Bezahlung der Waren, um die Liquidität zu erhalten, steht dem Interesse der Importeure diametral entgegen, die aus denselben Liquiditätsgründen eine Verlängerung der Zahlungsfrist anstreben. Diese Frist kann zwischen 30 und 120 Tagen liegen und erlaubt es ihnen, die Lieferanten zu bezahlen, sobald sie die Waren verkauft haben. Um diese gegensätzlichen Bedürfnisse in Einklang zu bringen, tritt ein Finanzier auf den Plan, der diese Kluft überbrückt und die notwendige Liquidität bereitstellt, um die gewünschten Zahlungsbedingungen und damit die Transaktion selbst zu ermöglichen.

Der Zugang zu Handelsfinanzierungen ist nicht nur in den Industrieländern, sondern auch in den Schwellenländern unerlässlich geworden. Weil sie den internationalen Handel unterstützt, dient die Handelsfinanzierung als Katalysator für die wirtschaftliche Entwicklung und ist zugleich eine überzeugende Investitionsmöglichkeit, die Stabilität und Gewinnchancen bei relativ geringem Risiko bietet.

Zwei Beispiele für die Tätigkeit eines Handelsfinanzierers/Investors

Geld ist das Schmiermittel in der Maschinerie des internationalen Handels. Es sorgt dafür, dass dieser Motor reibungslos läuft – und wird vor allem dort gebraucht, wo das Handelsgeschäft ansonsten ins Stocken geraten könnte.

Fallbeispiel 1: Kauf von Baumaterialien für Hausbauprojekte in Eigenleistung

Ein Kunde aus Europa wandte sich an Artis, um eine Finanzierung für sein Bau- und Beleuchtungsgeschäft zu erhalten. Das Unternehmen musste sein Lager mit lokalen Waren und Rohbaumaterialien bestücken für Familien, die Hausbauprojekte bevorzugt in Eigenleistung durchführen.

Der Kunde wollte eine Vielzahl von Waren von verschiedenen Verkäufern aus dem ganzen Land beziehen, um solche Pakete zusammenzustellen. Wir überprüften das Unternehmen und seine Geschäftspartner und stellten fest, dass das Geschäftsmodell, obwohl es neu war, in der kleinen, aber wohlhabenden Stadt gut angenommen wurde.

Wir kauften die Importe für den Käufer gegen Rechnung und legten die Laufzeit der Verträge auf 30 bis 60 Tage fest. Wenn unser Kunde den Betrag, den er Artis schuldete, innerhalb von 30 Tagen bezahlte, sollte er von einem kleinen Rabatt auf den geschuldeten Gesamtbetrag profitieren. Der Importeur erfüllte die 30-Tage-Frist und bat uns zu reinvestieren.

Im Ergebnis wies unsere Investition am Ende eines Jahres eine Bruttorendite von 11 Prozent auf, während der Darlehensnehmer gleichzeitig fast 25 Prozent seiner jährlichen Anschaffungskosten einsparen konnte, weil er stets vor dem vereinbarten Fälligkeitstermin zahlte. Die vorzeitige Rückzahlung schmälert unsere Einnahmen nicht, weil sie es uns ermöglicht, das Geld früher zu reinvestieren. Beide Parteien gewinnen und entwickeln eine langjährige Geschäftsbeziehung, die auch weiterhin positive Ergebnisse zeitigt.

Fallbeispiel 2: Der Müller und der Kornhändler im Oman

In vielen Ländern außerhalb Asiens macht Getreide einen sehr hohen Prozentsatz der täglichen Ernährung aus. Während Getreide früher nur als Nahrung für Mensch und Tier diente, wird es heute auch zur Herstellung von Ethanol verwendet, einem wichtigen Bestandteil der Benzinproduktion, und ist somit auch »Futter« für Automotoren.

Getreide ist zwar nicht so glamourös wie zum Beispiel Diamanten, aber dennoch ein sehr begehrtes Produkt. Unser Müller aus dem Oman musste das Getreide bei der Übergabe der Dokumente bezahlen, als die Ware in einem Hafen am Kaspischen Meer auf das Schiff verladen wurde. Der Müller hatte einen Liquiditätsengpass, bis das Getreide vom Endabnehmer bezahlt wurde. Er verwendete einen Teil des Getreides in seiner eigenen Mühle zur Herstellung von Backwaren. Artis vermittelte einen Kauf- und Verkaufsvertrag.

Wir mussten den Händler und den Importeur sowie die Geschäfts- und Zahlungshistorie des Importeurs analysieren. Wir beschlossen, das Kauf- und Verkaufsgeschäft zu übernehmen. Nach Unterzeichnung der Vereinbarung finanzierte Artis ein Schiff voller Roggen – etwa 3000 Tonnen – mit einer Laufzeit von 45 Tagen. Dieses Geschäft hat sich daraufhin laufend wiederholt; es läuft wie ein Schweizer Uhrwerk.

Handelsverträge funktionieren reibungslos, wenn die notwendige Vorarbeit geleistet worden ist. Wenn eine Handelstransaktion auf Probleme stößt, ist dies häufig auf eine unzureichende Analyse oder Dokumentation zurückzuführen.

»Dieu est dans les détails« (»Gott steckt im Detail«), wie die Franzosen sagen, im Gegensatz zum sprichwörtlichen Teufel, auf den sich die deutsche Sprache in der gleichen Situation bezieht.

Bislang mussten wir noch nie einen Verlust verkraften. Die Anlagerenditen reichen von jährlich 8 Prozent bis zu seltenen 36 Prozent pro Jahr, wobei im Durchschnitt rund 15 Prozent pro Jahr netto für die Anleger herauskommen. Vieles hängt von der Art der Investition, der Struktur und den beteiligten Rechtsordnungen ab.

Handelt es sich um einen Kauf- und Verkaufsvertrag mit Anspruch auf eine Gewinnmarge oder um eine reine Finanzierung mit einer Marge? Das beste Geschäft ist manchmal das, das nicht getätigt wurde. Viele Transaktionen lehnen wir bewusst ab. Natürlich besteht unser Geschäft darin, Handelsverträge abzuschließen, und nicht darin, sie abzulehnen. Aber ein kritischer Geist ist äußerst wichtig. Unsere Reinvestitionsquote liegt bei über 95 Prozent. Wenn ein kleines oder mittelgroßes Unternehmen einen Vertrag erfolgreich abschließt oder eine Finanzierungsvereinbarung ausläuft, setzen wir die Mittel sofort wieder ein, oft durch Verlängerung der laufenden Fazilität oder alternativ durch Anpassung der Finanzierung an den neuen Bedarf des Kunden.

Eine hohe Reinvestitionsrate stellt sicher, dass die Gelder nicht auf dem Bankkonto verbleiben, wo sie im schlimmsten Fall negativen Zinsen unterliegen, zumindest aber keinen Ertrag produzieren. Reinvestitionen geben Käufern und Verkäufern das nötige Vertrauen, um ihr Geschäft erfolgreich auszubauen, und sie wirken sich positiv auf die Handelswelt aus. Die hohe Reinvestitionsrate macht das Handelsgeschäft nachhaltig und bietet Raum für ein kontinuierliches Portfoliowachstum. Artis ist zu unserem Knotenpunkt für rentable Investitionen in Handelsfinanzierung geworden.

Wenn sich eine Transaktion verzögert und der Termin nicht eingehalten werden kann, werden unverzüglich Gespräche mit dem Schuldner geführt. In den meisten Fällen beträgt die Verzögerung nur wenige Tagen, nicht einmal Wochen. Von den 0,02 Prozent an Zahlungsausfällen bei Handelsfinanzierungen wurden 77 Prozent durch eine Verlängerung des Zahlungsziels bereinigt. Handelsunternehmen können solche Verlängerungen leichter und mit geringerem Verwaltungsaufwand gewähren als institutionelle Finanzierer wie Banken.

Treten aber bei einem Kreditnehmer Warnsignale für einen möglichen bevorstehenden Kreditausfall auf oder zeigen sich während der Ausführung eines Handelsgeschäfts plötzlich Hinweise auf Betrug, benachrichtigen wir sofort den Kreditversicherer, der dann die Bearbeitung des Falls übernimmt. Ist ein Handelsgeschäft nicht versichert, muss der Kreditgeber für sich selbst oder seinen Anleger tätig werden. In einem solchen nicht versicherten Fall ist es gut, wenn zusätzliche Sicherheiten vorhanden sind. Diese Sicherheiten können auch als Druckmittel für Neuverhandlungen dienen, sollten aber immer die ausstehenden Beträge zuzüglich der aufgelaufenen Beitreibungskosten abdecken. Es hat schon seinen Grund, dass wir uns an kreditversicherte Handelsgeschäfte halten.

Der Aufbau widerstandsfähiger globaler Lieferketten ist das A und O

Handelsfinanzierungen sind für den Aufbau und die Aufrechterhaltung von Lieferketten unerlässlich und sichern den Betriebsablauf und das Wachstum von Unternehmen auch bei wirtschaftlichen Störungen.

Entscheidend ist die Widerstandsfähigkeit der Lieferkette. Es geht nicht nur darum, den Warenverkehr aufrechtzuerhalten, sondern auch darum sicherzustellen, dass Unternehmen über die nötige Liquidität und Sicherheit verfügen, um auf Herausforderungen zu reagieren und das Risiko von Störungen zu verringern. Erinnern Sie sich noch an die Finanzkrise von 2008? Damals spielte die Handelsfinanzierung eine entscheidende Rolle bei der Stabilisierung der Lieferketten und half den Unternehmen, ihren Betrieb aufrechtzuerhalten. Die Handelsfinanzierung ist unverzichtbar, wenn Unterbrechungen der Lieferketten erhebliche Risiken für den Welthandel und die finanzielle Stabilität darstellen.

Handelsfinanzierung: Ein Katalysator für globales Wachstum und Nachhaltigkeit

Mit der weiteren Entwicklung der Weltwirtschaft hat die Handelsfinanzierung eine immer größere Bedeutung bei der Förderung von Wachstum, Nachhaltigkeit und Sozialverträglichkeit. Durch die Erschließung des Potenzials aufstrebender Märkte, den Aufbau widerstandsfähiger Lieferketten und die Einbeziehung von ESG-Grundsätzen in Investitionsentscheidungen trägt die Handelsfinanzierung dazu bei, die Zukunft des globalen Handels zu gestalten.

Die Handelsfinanzierung bietet Investoren die Möglichkeit, finanzielle und soziale Erträge zu erzielen. Wer als Anleger die Möglichkeiten der Handelsfinanzierung versteht und nutzt, kann zur globalen Entwicklung beitragen und gleichzeitig attraktive und stabile Renditen in einem volatilen Markt erzielen. Auf diese Weise ist die Handelsfinanzierung nicht nur ein finanzielles Instrument, sondern ein Katalysator für positive Veränderungen in der Welt.

Die Nachfrage nach Handelsfinanzierungen nimmt weiter zu, und die Möglichkeiten, in diesem Sektor Gewinne zu erzielen, sind beeindruckend. Warum haben Import- und Exportunternehmen, kleine und mittlere Unternehmen (KMU), heute Schwierigkeiten, eine geeignete Finanzierung zu finden?

In der Einleitung bin ich schon kurz auf dieses Thema eingegangen. Lassen Sie uns nun gemeinsam die Faktoren, die zu dieser Situation geführt haben, noch genauer betrachten.

Herausforderungen: Warum sich die Banken derzeit aus der Handelsfinanzierung zurückziehen

Der Begriff der »Handelsfinanzierungslücke« gewann nach der Finanzkrise 2008 an Bekanntheit. In dieser Zeit begann eine neue Ära von Handelssanktionen, strengeren Vorschriften (wie Basel III und IV), einer strengeren Kreditvergabepolitik. Zudem spielten Fintech, Künstliche Intelligenz (KI) und Big Data eine immer größere Rolle. Beim Basler Rahmenwerk handelt es sich um internationale Bankvorschriften. Sie sollen die Finanzstabilität gewährleisten, indem sie von den Banken verlangen, dass sie genügend Kapital vorhalten, um Risiken abzudecken. Basel III und IV konzentrieren sich auf die Stärkung der Widerstandsfähigkeit von Banken, die Steuerung von Kreditrisiken und die Aufrechterhaltung der Liquidität, insbesondere in Finanzkrisen. Die stark gestiegenen regulatorischen Anforderungen haben die Handelsfinanzierung für die Banken kapitalintensiver gemacht, unabhängig von ihrem jeweiligen Risikoprofil. Auch wenn die Banken in Bereichen wie dem Privatkundengeschäft eine höhere Rentabilität erzielen können, spielt die Handelsfinanzierung zumindest für Großunternehmen nach wie vor eine entscheidende Rolle in ihren Portfolios.

Unterm Strich haben diese Veränderungen die Finanzinstitute dazu veranlasst, ihr Angebot an Handelskrediten, insbesondere für KMU, zu überdenken und häufig zu reduzieren, wodurch die Handelsfinanzierungslücke noch deutlicher zutage tritt. Dies wurde durch einen Rückgang der Korrespondenzbankbeziehungen (correspondent banking relationships, CBRs) noch verschärft. Denn weltweit tätige Banken haben sich aufgrund verschärfter aufsichtsrechtlicher Kontrollen und geringerer Gewinnmargen aus risikoreicheren Entwicklungsmärkten zurückgezogen.

Die Ablehnungsquote für Kreditanträge von KMU durch Banken liegt weltweit nach wie vor bei über 50 Prozent und steigt weiter an. Die Hauptursache für diesen Trend ist das immer strengere regulatorische Umfeld. Wie John Denton, Generalsekretär der Internationalen Handelskammer (ICC), in einem Brief an die *Financial Times* im Vorfeld des G20-Gipfels 2020 warnte, erschweren die damit verbundenen Transaktionskosten inzwischen den Handel und bedrohen potenziell die Lieferketten.

Da zu erwarten ist, dass sich die aufsichtsrechtlichen Vorschriften eher noch verschärfen werden, wird sich die Handelsfinanzierungslücke in absehbarer Zeit wohl kaum schließen. Vielmehr könnten künftige Finanzkrisen oder Störungen wie die COVID-19-Pandemie die Kluft noch vergrößern.

Handelshäuser unterstützen KMU: Synergien für den internationalen Handel

Der internationale Handel bietet den KMU große Chancen, bringt aber auch Herausforderungen mit sich. Wie beschrieben, besteht eine große Hürde darin, die notwendige Finanzierung zu sichern – jetzt, da die Banken diese nicht mehr anbieten.

Die KMU müssen zuverlässige Partner im Ausland finden und ihre Geschäfte gegen Risiken absichern. Zunehmend treten moderne Handelshäuser auf den Plan, indem sie als Vermittler auftreten oder den Warenaustausch zwischen Lieferanten und Käufern über Ländergrenzen hinweg erleichtern.

Im Laufe der Zeit hat sich das Dienstleistungsangebot der Handelshäuser erweitert und umfasst nun auch Finanzierung, Risikominderung, Qualitätskontrolle und Compliance, um den KMU den Zugang zu internationalen Märkten zu erleichtern.

Herausforderungen für KMU im internationalen Handel

Im internationalen Handel sehen sich die KMU mit Herausforderungen konfrontiert, die je nach Art des jeweiligen Unternehmens und seiner Zielmärkte unterschiedlich sind.

Eine Hürde ist der Zugang zu Finanzierungsmitteln. KMU brauchen oft Hilfe bei der Beschaffung internationaler Handelsfinanzierungen. Denn auf ausländischen Märkten fehlt es diesen Firmen oft aufgrund einer nur begrenzten Zahlungshistorie an Nachweisen, kreditwürdig zu sein, oder es mangelt ihnen an substanziellen Vermögenswerten oder Sicherheiten, was es oft erschwert, die Kreditanforderungen der Banken zu erfüllen.

Eine weitere Aufgabe besteht darin, zuverlässige Partner zu finden. Die Suche nach vertrauenswürdigen Lieferanten, Händlern und Vermittlern auf ausländischen Märkten kann entmutigend sein. Es bestehen Risiken wie Betrug, Nichtzahlung, Lieferung minderwertiger Produkte und Rücktritt der Käufer in letzter Minute.

KMU haben häufig mit Fragen der Regulierung und der Einhaltung von Vorschriften zu kämpfen. Das Navigieren durch die unterschiedlichen Handelsgesetze, Zollbestimmungen und Produktstandards in den verschiedenen Ländern ist eine komplexe Angelegenheit, die zu kostspieligen Verzögerungen und zusätzlichen Ausgaben führen kann.

- **Sprachliche und kulturelle Hürden:** Trotz der Verbreitung der englischen Sprache weit über den angelsächsischen Raum hinaus ist eine effiziente Kommunikation von entscheidender Bedeutung. Sprachliche Unterschiede und kulturelle Missverständnisse können Verhandlungen, Vertragsgestaltungen und den Aufbau von Geschäftsbeziehungen erschweren.

- **Logistik- und Versandprobleme:** Lieferverzögerungen, unzureichende Qualität oder falsche Warenmengen können die Lieferketten unterbrechen und die Kundenbeziehungen schädigen.

Darüber hinaus stellt die politische und wirtschaftliche Instabilität auf ausländischen Märkten ein zusätzliches Risiko dar. So haben beispielsweise geopolitische Ereignisse immer wieder zu weltweiten Unterbrechungen der Lieferketten geführt. Dadurch wurden KMU der Gefahr eines blockierten Marktzugangs und eines verschärften Wettbewerbs ausgesetzt, was zu Preisrückgängen und höheren Produktionskosten aufgrund steigender Energie- und Düngemittelpreise führte. Unternehmen in sanktionierten Ländern brauchen Hilfe bei der Beschaffung konventioneller Finanzmittel, ganz zu schweigen von den Kosten der Finanzierung.

Die obigen Ausführungen verdeutlichen die Komplexität des internationalen Handels für KMU und die Notwendigkeit einer sorgfältigen Planung und strategischen Entscheidungsfindung, um diese Hindernisse erfolgreich zu überwinden.

Von Handelshäusern angebotene Sicherheitsmechanismen

Handelshäuser können eine Reihe von Sicherheitsmechanismen anbieten, indem sie ihr Fachwissen und ihre ausgedehnten Netzwerke auf den internationalen Märkten nutzen und auf diese Weise den KMU helfen, ihre globale Präsenz zu erweitern.

Ein wichtiger Mechanismus ist das Factoring, bei dem Handelshäuser die Forderungen eines Unternehmens zu einem vergünstigten Zinssatz ankaufen und sofortige Barmittel für künftige Zahlungen des Käufers anbieten (siehe Kapitel »Wie die Handelsfinanzierung funktioniert: Methoden, Mittel und Werkzeuge«). Dieser Ansatz ist besonders für KMU vorteilhaft, da er die von Banken geforderten Sicherheiten oder umfangreichen Bonitätsprüfungen überflüssig macht und somit die Bilanz und Kreditwürdigkeit des Unternehmens nicht beeinträchtigt.

Im Gegensatz zu Banken stellen viele Handelshäuser Finanzierungen bereit, indem sie die gehandelten Waren als Sicherheit nutzen, anstatt sich auf die Bilanzen der Unternehmen zu verlassen. Dies trägt dazu bei, dass KMU in ihrer frühen Entwicklungsphase, in der sie möglicherweise noch nicht über umfangreiche Vermögenswerte oder eine solide finanzielle Erfolgsbilanz verfügen, dennoch Zugang zu Wachstumschancen erhalten.

Handelshäuser führen umfassende Due-Diligence-Prüfungen und Risikobewertungen durch. Sie bewerten die Kreditwürdigkeit sowohl der Verkäufer als auch ihrer internationalen Partner, um die Risiken von Zahlungsausfällen und Handelsstreitigkeiten zu mindern.

Handelshäuser können es den KMU ermöglichen, die Gesetze und Vorschriften des ausländischen Marktes einzuhalten, wodurch sich Rechtsstreitigkeiten vermeiden lassen. Um die Transaktionssicherheit weiter zu erhöhen, besichern Handelshäuser häufig die gehandelten Waren und verlangen von den Käufern feste Anzahlungen.

Außerdem sind ihre globalen Netzwerke womöglich von Vorteil. Angenommen, ein Käufer zieht sich in letzter Minute zurück. In diesem Fall können die Handelshäuser eine Alternative finden und die KMU vor plötzlichen Störungen und finanziellen Verlusten bewahren.

Handelshäuser sind hilfreiche Verbündete bei der Unterstützung der KMU in der komplexen Welt des internationalen Handels. Die Auswahl des richtigen Handelshauses erfordert jedoch eine gründliche Recherche.

Zu berücksichtigende Faktoren bei der Auswahl eines Handelshauses

Die Wahl eines Handelshauses kann den Erfolg und die Sicherheit grenzüberschreitender Transaktionen erheblich beeinflussen. Hier sind einige Faktoren, die Unternehmen bei einer fundierten Auswahl berücksichtigen sollten:

- **Branchenkenntnisse:** Ein Handelshaus mit Erfahrung und Fachwissen in dem Wirtschaftszweig oder dem Sektor, der für das Unternehmen relevant ist, kann wertvolle Einblicke und maßgeschneiderte Lösungen bieten.

- **Weltweite Präsenz:** Ein seriöses Handelshaus sollte über ein ausgedehntes globales Netz von vertrauenswürdigen Händlern, Käufern und Verkäufern sowie über eine Präsenz in wichtigen geografischen Regionen verfügen, die für die internationale Expansion des Unternehmens entscheidend sind.

- **Finanzielle Stabilität und Ressourcen:** Die finanzielle Stabilität des Handelsunternehmens ist von wesentlicher Bedeutung. KMU sollten prüfen, ob das Handelshaus über die notwendigen Ressourcen zur Unterstützung ihrer Handelsaktivitäten verfügt, einschließlich Finanzierungsmöglichkeiten und Kapazitäten im Bereich des Risikomanagements.

- **Kulturelle und sprachliche Fähigkeiten:** Ein Handelshaus, das in den Sprachen und Kulturen der Zielmärkte bewandert ist, kann mögliche Kommunikationslücken überbrücken und reibungsärmere Transaktionen ermöglichen.

- **Renommee und Erfolgsbilanz:** Die KMU sollten die Geschichte des Handelshauses, die Kundenreferenzen und die bisherigen Handelsgeschäfte analysieren, um Zuverlässigkeit und Vertrauenswürdigkeit sicherzustellen.

Nach Angaben der Weltbank machen KMU über 90 Prozent der Unternehmen und mehr als 50 Prozent der Arbeitsplätze weltweit aus. Dennoch ist ihre Beteiligung am internationalen Handel begrenzt. Die Förderung dieser kleinen und mittleren Unternehmen mit dem Zweck, dass sie auf den internationalen Märkten florieren, kann dazu beitragen, den Status quo zu ändern.

Die Zusammenarbeit mit Handelshäusern kann eine Möglichkeit sein, KMU zu mehr Wachstum zu verhelfen und sie bei der Ausweitung ihres Geschäfts auf unbekannte Märkte zu unterstützen. Die Unterstützung von KMU kann dazu beitragen, Risiken zu begrenzen und damit einer robusteren Wirtschaft und der Stabilität des Welthandels Vorschub zu leisten.

Indem wir das Potenzial von KMU fördern, investieren wir in eine bessere und gerechtere Zukunft für Unternehmen und Gesellschaften auf der ganzen Welt.

Investitionen in die Handelsfinanzierung: Profite im Einklang mit sozialer Verantwortung

Die Handelsfinanzierung, der Dreh- und Angelpunkt des internationalen Handels, ermöglicht es Unternehmen auf der ganzen Welt, Transaktionen in Sicherheit durchzuführen. Sie umfasst eine Reihe von Finanzinstrumenten, die den grenzüberschreitenden Austausch von Waren und Dienstleistungen erleichtern, Risiken wie ausbleibende oder verspätete Zahlungen mindern und gleichzeitig für reibungslosere Handelsströme und eine Stärkung der Weltwirtschaft sorgen. Schlüsselkomponenten wie Akkreditive, Exportkredite und Versicherungen bieten Transaktionssicherheit und verbessern die Liquidität, indem sie die Finanzierung von Forderungen oder Waren bis zum Versand oder zur Zahlung ermöglichen.

Trotz dieser entscheidenden Bedeutung bleibt die weltweite Handelsfinanzierungslücke, die sich gemäß aktuellen Schätzungen 2025 auf mindestens 2,6 Billionen US-Dollar beläuft, ein Wachstumshemmnis. Diese Lücke schadet vor allem kleinen und mittleren Unternehmen aller Sektoren, da sie Schwierigkeiten haben, die Finanzierung zu sichern, die sie für Innovation und Expansion benötigen. In den entwickelten Volkswirtschaften haben 60 bis 80 Prozent der Unternehmen Zugang zu Handelsfinanzierungsmöglichkeiten. In einigen Regionen wie Westafrika kommen nur 25 Prozent des Handels in den Genuss von Handelsfinanzierungshilfen, und das zu deutlich höheren Finanzierungskosten.

Die Handelsfinanzierung macht es leichter, finanzielle Erträge und soziale Verantwortung miteinander zu verbinden. Durch die Möglichkeit, stabile und attraktive Renditen zu erzielen, bietet sie Anlegern eine überzeugende Alternative zu traditionellen Anlageklassen. Gleichzeitig werden durch den Fokus auf die Unterstützung einer nachhaltigen und inklusiven Entwicklung die Renditen mit umfassenderen sozialen und ökologischen Zielen in Einklang gebracht.

Ganze Regionen wie Westafrika könnten durch die Ausweitung der Handelsfinanzierung die jährlichen Handelsströme vergrößern und auf diese Weise sozial integrative weltweite Handelsnetzwerke fördern. Organisationen wie die International Finance Corporation befassen sich bereits mit dieser Lücke, indem sie Finanzierungen für Lieferketten bereitstellen und wichtige Handelsströme unterstützen, was anderen Finanzinstituten als Vorbild dienen könnte.

Nicht-Banken, das heißt private Kreditunternehmen, spielen womöglich eine wichtige und profitable Rolle bei der Schließung der Finanzierungslücke. Genau das tun wir bei Artis Trade Invest. Wir schaffen die Möglichkeit, in Handelsfinanzierungen zu investieren, und sind überzeugt, dass hohe Gewinne bei geringem Risiko möglich sind. Natürlich wissen wir alle nur zu gut, dass die Performance der Vergangenheit keine Garantie für künftige Erträge ist.

KAPITEL 2

DIE ENTWICKLUNG DER HANDELSFINANZIERUNG – ETWAS ZUR GESCHICHTE

Seit dem 19. Jahrhundert ist die Finanzwelt Zeuge vieler Krisen und Ereignisse geringeren Ausmaßes gewesen, die die Funktionsweise des finanziellen Ökosystems verändert haben.

Dieses Kapitel beleuchtet und erörtert einige der maßgeblichen Ereignisse der Vergangenheit und ihre Auswirkungen auf die Handelsfinanzierung. Es zeigt aber auch, wie diese Anlageklasse den Grundstein für das Vermögen vieler Finanzinstitutionen gelegt hat.

Die britischen Handelsbanken: Die Verbesserung der Bankakzepte

Als »mitteleuropäische Panik« (»Central European Panic«) wurde der Niedergang des europäischen Bankwesens im Frühjahr 1931 bezeichnet. Der darauffolgende Sommer war geprägt durch erhebliche Schwierigkeiten für die Banken in ganz Mitteleuropa. Als Erstes meldeten Banken in Österreich Insolvenz an, unmittelbar gefolgt von Geldinstituten in Ungarn und Deutschland. Im Mittelpunkt der Krise standen die Londoner Handelsbanken.

Bevor es mit der Panik losging, hatte sich in Mitteleuropa ein Kreditboom ausgebreitet. Banken mit schwindendem Kapitalbestand bürgten für die Wechsel ausländischer Kaufleute – die Unterstützung ausländischer Kaufleute erforderte keine weiteren finanziellen Ressourcen und erlaubte es den Banken, mit ihren Investments beträchtliche Gewinne zu erzielen.

Wenige Monate nach Beginn des Jahres 1931 kam es weltweit in zunehmendem Maße zu Kapitalproblemen, als die Große Depression über Mitteleuropa hinwegfegte. Als die Landeswährungen abwerteten, führten die dortigen Regierungen weitere Kapitalkontrollen für Bankinstitute ein. Diese Maßnahme sollte die negativen Folgen einer Bankenpanik mindern; in Wirklichkeit trieb sie die jeweiligen Volkswirtschaften nur noch weiter in die Depression. Diese Kontrollen wurden als »Stillhalteabkommen« bezeichnet.

Die Bilanzen mehrerer britischer Handelsbanken legen nahe, dass das Engagement der Banken in mitteleuropäischen Schuldtiteln nur 6 Prozent ihrer direkten Portfoliobestände ausmachte. Allerdings engagierten sich die Banken zusätzlich in Form einer sogenannten Bankers' Acceptance (BA), einem Angebot, das sich fast ausschließlich an Handelsbanken richtete.

Dieses Finanzinstrument stellte eine bestimmte Art von Wechseln dar, der von internationalen Kaufleuten verwendet wurde, um ihre Handelstätigkeit zu finanzieren. Das Prinzip war einfach: Eine Bank in London bürgte für die Schulden eines Unternehmens und nahm dafür eine Provision.

Wenn zum Beispiel ein Exporteur aus Kolumbien Waren an einen deutschen Importeur verkaufte, erfolgte die Zahlung normalerweise 30 bis 90 Tage später. Die meisten Exporteure wurden nach Erhalt der Ware durch den Käufer bezahlt. Wenn der Exporteur vor dem Eintreffen der Ware bezahlt werden wollte, konnte der Verkäufer einen Wechsel auf den Importeur (den Schuldner) ausstellen und den Käufer anweisen, dem Inhaber des Wechsels den Betrag für die Transaktion zu einem vereinbarten zukünftigen Zeitpunkt zu zahlen. Der Kaufmann versuchte dann, den Wechsel auf dem Londoner Markt mit einem Zinsabschlag zu verkaufen.

Im Mai 1931 meldete die damals größte österreichische Bank, die Creditanstalt, Insolvenz an, was in den beiden folgenden Monaten einen Zusammenbruch der Banken in der Region nach sich zog. Aufgrund von neu in Kraft getretenen Verboten wurden alle Zahlungen ins Ausland eingefroren und die Banken Mitteleuropas sahen sich gezwungen, Vereinbarungen mit ihren ausländischen Gläubigern zu treffen, um die Zahlung ihrer Schulden zu bewerkstelligen.

Kreditgeber in London hätten einen mit Abschlag verkauften Wechsel von einem ausländischen Kaufmann nicht bezahlt, hätten sie nicht irgendeine Art von Garantie dafür bekommen, dass sie die Zahlung von dem Importeur erhalten würden. Die BA löste dieses Problem, indem sie es dem Exporteur ermöglichte, den Wechsel bei der ihn akzeptierenden Londoner Bank einzulösen, mit der der Importeur/Schuldner eine Vereinbarung getroffen hatte, statt beim betreffenden Importeur/Schuldner selbst.

Um von einer Handelsbank akzeptiert zu werden, musste ein Exporteur allerdings beweisen, dass er die Waren an den Importeur versendet hatte und dass der Importeur die Restsumme bald zahlen würde. Nach erfolgreicher Prüfung der Belege akzeptierte die Bank den Wechsel. Gegen eine Gebühr setzte sie den Stempel mit ihrem Emblem auf den Wechsel.

Da er die Signatur eines angesehenen Londoner Bankhauses trug, wurde der Wechsel in ein handelbares Wertpapier umgewandelt, das der Verkäufer auf dem Londoner Markt leicht zum geltenden Zinssatz absetzen konnte. Durch diesen Vorgang verpflichtete sich die Bank, den Wechsel bei Fälligkeit einzulösen – unabhängig davon, ob die Zahlung durch den Importeur/Schuldner überwiesen worden war. Solche Wechsel (Akzepte) waren ein attraktives Geschäftsmodell für britische Handelsbanken, und im 19. Jahrhundert hatten die Handelsbankiers fast das Monopol auf das Akzeptgeschäft.

Während der Großen Depression, die durch den Ersten Weltkrieg herbeigeführt worden war, sahen sich Handelsbanken mit der Problematik der Stillhalteabkommen konfrontiert. Die Beschränkungen durch die US-Notenbank (Federal Reserve) bedeuteten für die in Schwierigkeiten geratenen Länder Österreich, Ungarn und Deutschland, dass sie ihre Landeswährungen nicht in Pfund Sterling umwandeln konnten, um ihre Schulden bei den britischen Banken zu begleichen. Selbst eine florierende Bank konnte keine Gelder ins Vereinigte Königreich überweisen, es sei denn, sie hätte lokale Forderungen in englischen Pfund gehabt.

Der Stillstand und die eingefrorene Liquidität führten zu monatelangen Zahlungsausfällen, die erheblich zum Niedergang der britischen Handelsbanken beitrugen. Obwohl aufgrund des Stillstands offene Rechnungen nicht bezahlt werden konnten, sahen die Bundesgesetze keinerlei Entlastungsbestimmungen für die Banken vor, die nach wie vor zur Bezahlung der Waren zum vereinbarten Fälligkeitstermin gesetzlich verpflichtet waren.

Da ihre gesamten Vermögenswerte gebunden waren, hatten die britischen Handelsbanken keine andere Wahl, als ihre Vermögenswerte zu liquidieren, um den finanziellen Verpflichtungen nachzukommen, die sie eingegangen waren. Um diese Verluste auszugleichen, wies die Bank of England sie an, die Kreditvergabe weiter einzuschränken. Die Banken, die durch die Verluste am härtesten getroffen wurden, waren somit nicht die am schlechtesten kapitalisierten, sondern diejenigen, die am stärksten von den mitteleuropäischen Akzepten betroffen waren.

Die Bank of England erachtete die Handelsbanken als entscheidend für den Erhalt der Stellung des Londoner Marktes. Daher half sie 20 der 22 Handelsbanken, die als Nebenwirkung des Stillhalteabkommens in Schwierigkeiten geraten waren, aus der Klemme. Aufgrund dieser Intervention konnten die meisten davon im Geschäft bleiben.

Die Bank of England wusste, dass Akzepte niemals völlig verschwinden würden, und sie beschloss, den Londoner Markt wieder zu eröffnen. Statt nur minimale Informationen von Exporteuren anzufordern, die ihre Wechsel mit Abschlag verkaufen wollten, nahm die Bank nun eine sorgfältige Geschäftsanalyse vor, bevor sie ungeprüften Kaufleuten internationale und nationale Akzepte zur Verfügung stellte. Dadurch gelang bei der Bankensanierung ein gewaltiger Schritt nach vorn und dieses Vorgehen brachte einen neuen Branchenstandard hervor.

Der Börsencrash in Kuwait: Die Handelsfinanzierung erweist sich lokalen Krisen gegenüber als widerstandsfähig

Der Crash des Suq al-Manakh, besser bekannt als »kuwaitischer Börsencrash von 1982«, ist ein Musterbeispiel dafür, dass die Handelsfinanzierung trotz eines örtlichen wirtschaftlichen Abschwungs stabil bleibt.

Auf ihrem Höhepunkt war Kuwaits Marktkapitalisierung die dritthöchste der Welt, nach derjenigen der USA und Japans. Aber die Aktien wurden mit vordatierten Schecks gekauft. Dies führte zu einer völlig unregulierten Kreditausweitung in Kuwait, die unweigerlich schlagartig zum Stillstand kam, als die vordatierten Schecks nicht eingelöst wurden. Das wiederum löste eine beispiellose Kettenreaktion aus, bei der Schecks wie Luftballons platzten. Diese geplatzten Schecks von 6000 verschiedenen Anlegern beliefen sich auf fast 94 Milliarden US-Dollar (was im Juni 2025 dem enormen Betrag von 231 Milliarden US-Dollar oder 208 Milliarden Euro entsprach).

Es begann eine landesweite Rezession, die Investments zum Erliegen brachte und sich auf die Aktienkurse im ganzen Land auswirkte. Alle Banken in Kuwait brachen zusammen, bis auf eine, die durch Handelsfinanzierung und die Zentralbank gestützt wurde. Der Crash setzte eine Rezession in Gang, die sich auf die globalen Märkte auswirkte. Die kuwaitische Nationalbank arbeitete mit Importeuren und Exporteuren daran, die Handelsgeschäfte in der gesamten Region zu finanzieren, die noch bezahlt werden mussten.

Mit bescheidenem Beistand der Regierung war die Bank in der Lage, mit jeder verspäteten Zahlung, die sie erhielt, ihre Türen offen zu halten und das Geld wieder unmittelbar in die Finanzierung weiterer Handelsgeschäfte zu investieren.

Wir können denselben Trend auf jedem Markt beobachten, den wir untersuchen. Sogar in Zeiten zusammenbrechender Aktienmärkte und einer weltweiten wirtschaftlichen Depression blieb Handelsfinanzierung immer eine Quelle von Investitionen und von Profitabilität. Einer der Gründe dafür, dass sie eine solche Konstante geblieben ist, ist, dass der Handel selbst eine Konstante ist. Die meisten Branchen sind auf den globalen Märkten tätig, was bedeutet, dass Güter und Dienstleistungen international transportiert werden. Die Handelsfinanzierung hat den Prüfungen der Zeit, Krieg und Depression standgehalten.

Vor der Weltfinanzkrise basierte die Handelsfinanzierung hauptsächlich auf der Finanzierung durch Banken. Im Zeitraum nach der Finanzkrise begannen die Banken aufgrund strenger Regulierungen, sich aus dieser Unterstützung zurückzuziehen, vor allem für KMU. Das öffnete die Tür für alternative Finanzierungsmöglichkeiten, um die Handelsfinanzierungslücke zu schließen.

Der erste Bericht über eine andere Einrichtung als eine Bank, die eine Vereinbarung über eine Handelsfinanzierung ermöglichte, verweist auf die Sōgō Shōsha in Japan. Solche allgemeinen Handelsgesellschaften sind ein Beispiel für die Langlebigkeit und Robustheit der Handelsfinanzierung. Sie haben nicht nur mehrere Marktcrashs und Rückschläge aufgrund globaler Regulierung überstanden, sondern konnten sich bis heute zu einem globalen Wirtschaftsmotor entwickeln.

Die Sōgō Shōsha in Japan: Wie man durch die Finanzierung aufstrebender Unternehmen Wohlstand schafft

»Sōgō Shōsha« ist der Name einer Gruppe verschiedener Handelsgesellschaften, die die Japaner auf die Beine stellten, um den inländischen Bedarf an Geschäftskapital zu befriedigen. Eine Gruppe wohlhabender japanischer Geschäftsleute gründete eine kleine, einzelne Einrichtung, die der Finanzierung aufstrebender Unternehmen diente, um sie auf den Weltmarkt zu katapultieren.

Was als einzelne Einrichtung begann, wurde nach dem Zweiten Weltkrieg schnell dezentralisiert, als die Sōgō Shōsha ihr Kreditvergabemodell umstellten und bis 1955 zehn verschiedene Unternehmen erwarben.

1960, zu Beginn des japanischen Nachkriegs-Wirtschaftsbooms, erhielten die Sōgō Shōsha einen formalen Rahmen. Da sich der Handel von einem streng regulierten zu einem freien, marktwirtschaftlichen entwickelte, konzentrierte sich Japan auf Low-Tech- und Massenprodukte, um das Handelsvolumen zu erhöhen. Es diversifizierte auch die Produkte, die es international vermarktete, von Snackautomaten bis zur Autoindustrie.

Japan war eine aufstrebende Wirtschaft und wuchs schnell, nachdem es seine Häfen für ausländische Schiffe geöffnet hatte und neue Branchen förderte. Als sich der Handel in Japan in den 1970er- und 1980er-Jahren entwickelte, verfeinerten die Händler ihre Verfahren. Sie verwalteten ihre Geschäfte auch in Zeiten des Kriegs, verbesserten ihre Risikomanagement-Systeme, stärkten die Unternehmensführung und begannen, eine Bestandsaufnahme ihrer unrentablen Vermögenswerte vorzunehmen. Mit der Zeit wurde privater Handel allmählich zugelassen und belebte den freien Handelsmarkt, als die Sōgō Shōsha Gestalt annahmen.

Die Sōgō Shōsha waren und sind auch heute noch die Organisatoren für verschiedene Branchen, die Produkte und eine Marktentwicklung anbieten. Sie sind die Großhändler beziehungsweise Zulieferer Japans und optimieren die Lieferketten der japanischen Industrie, indem sie helfen, Kapital für den Rohstoff-, Energie- und Technologiebedarf japanischer KMU bereitzustellen, während sie die Unternehmen bei der Koordinierung des Produktions- und Einzelhandelssektors unterstützen.

Gleichzeitig vermarkten sie die Produkte japanischer Unternehmen in Übersee. Durch die Verwendung dieses funktionsfähigen Systems haben Wirtschaft und Unternehmen einen enormen Aufschwung erlebt.

Die Sōgō Shōsha fungieren als Vermittler zwischen den Unternehmen oder nehmen unter den Handelsfinanzierern eine spezielle Nische ein. Sie verfügen weder über die Ressourcen noch über die Mittel, um Produkte in Massenfertigung selbst herzustellen, und doch haben sie ihren Fortune-500-Rang seit 1996 beibehalten. In diesem Modell gibt es zwei Arten, wie eine solche Sōgō-Shōsha-Firma ihre Einnahmen erhöhen kann. Die eine besteht darin, die bereits gehandelten Waren in größerem Umfang umzuschlagen, also Millionen von Tonnen Kohle, Getreide, Papier oder Zellstoff oder Hunderttausende von Computern.

Die andere Art der Gewinnsteigerung besteht darin, das eigene Fachwissen dafür einzusetzen, auch mit anderen Gütern zu handeln, einschließlich höherwertiger Güter wie Kraftfahrzeuge, Flugzeuge und medizinische Geräte. Genau dies bezeichnet man als »Scope«, was bedeutet, dass die Bandbreite der gehandelten Warenarten erweitert wird. Eine einzelne Sōgō Shōsha setzt im Durchschnitt ungefähr 30 000 verschiedene Produkte um – alles von Nudeln bis zu Flugzeugen oder von Essstäbchen bis zu Satelliten, wie man so sagt. Der Umsatz einer solch großen Bandbreite an Gütern in so einem riesigen Umfang ist ein Alleinstellungsmerkmal der Sōgō Shōsha und hat es ihnen ermöglicht, trotz wirtschaftlicher Herausforderungen zu florieren.

Als die Weltwirtschaftskrise 2008 ausbrach, schien das die Sōgō Shōsha nicht zu beeindrucken. Shoei Utsuda, der Präsident von Mitsui, glaubte, dass die Sōgō Shōsha im wirtschaftlichen Abschwung sicher seien. In der Ausgabe der Zeitschrift *The Economist* vom Dezember 2008 sagte er: »Wir sind mit Blick auf unsere Branchen sowie geografisch breit aufgestellt, also sind wir geschützt.« Und er hatte zweifellos recht. Die Sōgō Shōsha waren in der Lage, sich ihren Weg durch die Turbulenzen der sie umgebenden Finanzlandschaft zu bahnen, indem sie ihre Handelsinvestments verstärkten und ihre Produkte weiterhin international vermarkteten.

Im Jahr 2021 gab es in Japan sieben Sōgō Shōsha, darunter Mitsubishi, ein weltweit bekannter Name. Das Umsatzvolumen einer der fünf großen Sōgō Shōsha beträgt durchschnittlich rund 123 Milliarden US-Dollar, der Nettogewinn liegt bei über 3 Milliarden US-Dollar und die Vermögenswerte liegen bei durchschnittlich 80 Milliarden US-Dollar pro Unternehmen.

Mitsubishi, vor allem als Automobilhersteller bekannt, verarbeitet und vertreibt auch Lebensmittel, die es in Lebensmittelgeschäften verkauft, an denen es beteiligt ist. Durch ein grundlegendes Verfahren zur Auswahl der Partner werden die Risiken von Überseeinvestitionen vermieden. Durch die Nutzung gewerblicher Rechte in bestehenden Geschäftsbereichen hat Mitsubishi seine Ertragsmodelle auf jeder Stufe der Wertschöpfungskette erweitert.

Um den Senior Vice President von Jefferies Japan, Thanh Ha Pham, im Gespräch mit der *Financial Times* zu zitieren: »Die Handelshäuser wurden als Dinosaurier abgetan, aber es gibt sie immer noch, und sie verdienen Geld. Sie haben die Tendenz, sich zu Unternehmen weiterzuentwickeln, und das machen sie gut.« 2019 erregte der anhaltende Erfolg der Sōgō Shōsha die Aufmerksamkeit von Warren Buffett von Berkshire Hathaway. Seine öffentlichen Kommentare zu diesem historischen Instrument schärften das öffentliche Bewusstsein für die Kredit- und Investmentmöglichkeiten, die immer noch zu wenig genutzt werden. Worin liegt die Bedeutung dieses Investments in Sōgō Shōsha für die Zukunft der Handelsinvestments? Dazu kommen wir gleich.

Berkshire Hathaway: Die Entdeckung des Geschäftsmodells der Sōgō Shōsha als Investition

Warren Buffetts und Charlie Mungers Investment-Wunder begann Mitte des 20. Jahrhunderts. Nachdem er ein Muster im Aktienkurs des damaligen Textilunternehmens Berkshire Hathaway entdeckt hatte, beobachtete Buffett den Markt und wartete auf den richtigen Augenblick, um Aktien eines Unternehmens zu kaufen. Immer wenn das Unternehmen gezwungen war, eine Produktionsanlage vorübergehend herunterzufahren, fiel der Aktienkurs zunächst. Sobald die Produktion wiederaufgenommen worden war, stiegen die Aktien wieder.

Als das nächste Mal ein Textilwerk von Berkshire Hathaway schloss, kaufte Buffett Aktien des Unternehmens. Seabury Stanton, der Berkshire Hathaway damals leitete, trat an ihn heran, um seine Anteile zurückzukaufen, aber die Vereinbarung, die Stanton an Buffett schickte, blieb so weit hinter der Abmachung zurück, dass Buffett wütend wurde. Statt seine Aktien an Stanton zu verkaufen, kaufte er noch mehr, einfach aus Trotz. Praktisch über Nacht wurde Buffett zum Mehrheitseigentümer und feuerte Stanton.

Als Buffett den Kauf durchführte, war Berkshire Hathaway ein scheiterndes Textilunternehmen. Allein durch Entschlossenheit und Einfallsreichtum verwandelte das Duo Warren Buffett / Charlie Munger das Unternehmen in ein weltweit geachtetes, milliardenschweres Konglomerat.

Warren Buffets bevorzugter Rat an Investoren lautet, jeden anderen auf dem Markt zu beobachten und das Gegenteil zu tun. Die Wall Street nennt dies die Contrarian-Strategie, die Strategie des Gegenteils. Er hat nicht ein über 650 Milliarden Dollar schweres Unternehmen aufgebaut, indem er irgendwelchen Standard- oder auch nur praktischen Anlageempfehlungen folgte. Stattdessen hielt Buffett immer nach etwas anderem, etwas Neuem oder etwas bisher Unentdecktem Ausschau. Als die COVID-19-Pandemie ausbrach, hielt Buffetts Berkshire Hathaway nach neuen Gelegenheiten Ausschau, statt über die Vergangenheit nachzugrübeln.

Im August 2020 investierte Berkshire Hathaway 6 Milliarden Dollar in die fünf größten Sōgō-Shōsha-Handelshäuser Japans. Der Investition war ein Rückgang ausländischer Investitionen in KMU vorangegangen, aber Buffetts Entscheidung, in die Sōgō Shōsha zu investieren, markierte eine Trendwende.

Buffett blickte immer über den jetzigen Augenblick hinaus in die Zukunft. Obwohl die japanischen Handelshäuser wie alle anderen Kreditinstitute mit pandemiebedingten Herausforderungen konfrontiert waren, verringerten Berkshire Hathaways Hunderte von Tochtergesellschaften und angeschlossenen Unternehmen das langfristige Risiko.

»Die fünf größten Handelsunternehmen haben zahlreiche Joint Ventures in der ganzen Welt und werden wahrscheinlich noch mehr solcher Partnerschaften eingehen. Ich hoffe, dass sich Gelegenheiten zum gegenseitigen Vorteil ergeben werden«, sagte Buffett in einem Presseinterview anlässlich der Feier seines 90. Geburtstags im August 2020. Investoren, die ihr Portfolio mit einem risikoarmen Investment im Bereich der Handelsfinanzierung diversifizieren wollen, täten gut daran, seinem Rat zu folgen.

Das Geschick der Sōgō Shōsha zeigt, wie langlebig diese Investitionen sind und wie lange sie sich noch auszahlen können. Die Beziehung zwischen den KMU und den Finanziers ist für beide Seiten von Vorteil. Sie hilft beiden Parteien, sich positiv zu entwickeln, unabhängig davon, was am Finanzmarkt geschieht, da die Handelsfinanzierung heutzutage nicht mit dem volatilen Aktienmarkt korreliert.

Die Generation Fintech: Rationalisierung und Beschleunigung von Prozessen

Als es mit der Handelsfinanzierung losging, konnten Exporteure nie genau wissen, wann sie von den Importeuren für ihre Waren bezahlt würden. Die Importeure wiederum hatten Mühe, einen Weg ausfindig zu machen, wie sie ihre Exporteure auf sichere Weise bezahlen konnten. Die Waren zu bezahlen, bevor ihre Lieferung eintraf, war riskant: Was, wenn die Waren niemals ankämen? Die Waren nach der Lieferung zu bezahlen, bedeutete, dass Exporteure ihre Zahlungen manchmal erst nach Monaten oder gar nicht erhielten, obwohl Kreditbriefe dieses Problem teilweise lösen konnten. Durch moderne Technik wurde das Risiko reduziert, aber es blieb ein zeitraubender Prozess. Der Einsatz von Fintech wird die Handelsfinanzierung, wie wir sie kennen, verändern.

Kein Handelsgeschäft oder Investment ist völlig risikofrei. Neue Technologien verbessern die Effizienz und Sicherheit von Handelsgeschäften für alle Parteien. Im vergangenen Jahrhundert beruhte Handelsfinanzierung traditionell auf Papierdokumenten, Fernschreiben, E-Mails und Faxgeräten, die, nachdem sie das Telex praktisch verdrängt haben, nun selbst mehr oder weniger veraltet sind. Nach Jahrzehnten unkontrollierter, langwieriger Handelsfinanzierungsverfahren war die Handelsfinanzierungsbranche reif für einen Innovationssprung, um Handelsgeschäfte auf modernere Art abzuwickeln. Fintech verdankt seine Geburt drei Quantensprüngen, die sich ungefähr gleichzeitig vollzogen: dem technischen Fortschritt, den Rechenkapazitäten bei der Datenanalyse und der Überregulierung des Finanzmarkts. Kurz gesagt ist es eine Kombination aus KI, Blockchain und maschinellem Lernen, die die Abwicklung der Handelsfinanzierung unkomplizierter und verlässlicher macht.

Die Integration von Fintech in die Handelsfinanzierung sollte eine flexible und transparente Ressource bereitstellen, um die Komplexität der Vergangenheit zu überwinden. »Fintech« ist ein Ausdruck in der Finanzwelt zur Beschreibung innovativer, technologiebasierter Finanzprodukte. Anwendungen von E-Payment-Geldtransfersystemen für Verbraucher und

KMU, Peer-to-Peer-Kreditplattformen (P2P) und Anbieter von Börsen für alternative Währungen, das alles sind Varianten aus dem Bereich der Fintech. Mit der Erfindung der Blockchain und der Kryptowährungen, die sich darauf bewegen, konnten globale Finanztransaktionen nun auf eine einzige dezentralisierte Plattform konzentriert werden, wodurch der Zugang zu Handelsfinanzierung sogar für KMU einfacher wurde.

Inzwischen spielt KI in den meisten Branchen weltweit eine Rolle. Ihre Anwendungen reichen von Industrierobotern bis hin zu selbstfahrenden Autos und intelligenten Getränkeautomaten sowie Flugzeugen und Raketen.

Fintech hat einzigartige KI-Eigenschaften. Hier sind nur ein paar Beispiele für die wichtigsten Anwendungsbereiche von KI und Algorithmen für maschinelles Lernen im Finanzwesen: verbesserte Entscheidungsfindung, Sicherheit und Betrugserkennung, Vermögensverwaltung, Kundenservice, Versicherungswesen, Kreditwesen, Prognosen und Personalisierung.

Wenn die Plattform lernt, wie sich Finanztechnologie-Software anwenden lässt, werden Transaktionen immer schneller und effizienter. KI-betriebene Scanner erfassen immer besser, auf welche Eigenschaften sie achten müssen, und gleichzeitig sortieren sie mögliche Betrugsfälle aus.

Die KI liefert statistische Vorhersagen über das Verhalten von Käufern, die Neigungen von Kunden und den Bedarf von Verkäufern. Das hilft Unternehmen, ihre Wachstumsziele zu erreichen, für ihre Kunden relevanter zu werden und gleichzeitig die Betriebskosten zu senken sowie die interne Effizienz zu steigern.

Blockchains und Kryptowährungen revolutionieren den Handel

Der Name der bekanntesten Kryptowährung ist inzwischen in aller Munde: Bitcoin. Kryptowährungen sind ein weiterer wesentlicher Treiber von Fintech. Plattformen wie PayPal, Square oder Stripe werden alle zum Bereich Fintech gerechnet und stellen im Wesentlichen die Computer-Software dar, die die virtuelle Bereitstellung webbasierten Geldes für Dienstleistungen ermöglicht. Der Wert des Fintech-Markts weltweit wird bereits auf einige Hundert Milliarden Euro beziffert.

Krypto-Wallets sind verschlüsselt und oft nicht mit Namen oder Bankkonten verknüpft. Der Ausdruck »Krypto-Wallet« bezeichnet ein digitales Werkzeug zur sicheren Verwaltung von Kryptowährungen, in dem die privaten Schlüssel gespeichert sind, die für den Zugriff darauf erforderlich sind. Eine Vielzahl von Betrugsfällen hat jedoch gezeigt, dass eine Verschlüsselung allein keine Garantie gegen Hacking und Diebstahl bietet. Die Wallets sollten daher mit derselben Vorsicht behandelt werden wie Bargeld in der Tasche.

Blockchains sind der »Fintech-Lieferdienst«, der die Unternehmen entscheidend voranbringt. Indem Blockchains mit KI verknüpft wurden und zur Basis für Kryptowährungen wurden, hat sich Fintech in der Finanzbranche durchgesetzt. Transaktionen zwischen Kreditgebern, Käufern und Verkäufern sind dadurch einfacher geworden, Transaktionskosten wurden reduziert, der Zeitrahmen für Transaktionen hat sich verkürzt und größere Transparenz sowie Sicherheit für die Vertragsparteien sind durch sogenannte Smart Contracts entstanden, die beim Eintreten gewisser vereinbarter Ereignisse Operationen automatisch auslösen.

Blockchains speichern Information auf Redundanzbasis. Informationen können übermittelt, aber niemals verändert, gelöscht oder zurückgezogen werden. Bei der Handelsfinanzierung ist es üblich, bei jeder Transaktion eine große Anzahl an Dokumenten und Verträgen auszutauschen. Mit Fintech lässt sich einfach alles ohne mehrere Signaturen und ohne Wartezeit übertragen, anstatt 200 einzelne Aufzeichnungen einzuscannen und per E-Mail zu versenden.

Die Digitalisierung der Handelsfinanzierung ist nur langsam vorangeschritten. Das lag aber nicht daran, dass es an Nachfrage gemangelt hätte. Der grenzüberschreitende Handel ist mit einer Vielzahl komplexer Informationen verbunden, was zu einer Flut an Dokumenten, detaillierten Produktbeschreibungen, Transaktionsberichten und Verkaufspapieren führt.

Ursprünglich gab es Befürchtungen in der Handelsfinanzierungsbranche, dass aufgrund der Komplexität der Arbeitsabläufe der Einsatz von Fintech für die meisten Handelsgeschäfte unwirtschaftlich sei. Das erste Unternehmen, das in die Welt von Fintech im Bereich der Handelsfinanzierung eintauchte, war Ornua, ein irisches Molkereiunternehmen, das eine digitale Fintech-Plattform namens »Wave« für eine Akkreditiv-Transaktion nutzte.

Wave war eines von elf Fintech-Start-ups, die die Handelsfinanzierung mit papierloser Abwicklung ins 21. Jahrhundert katapultierten. Ornua konnte die Plattform problemlos für große Milchlieferungen nutzen. Um sich für die Handelsfinanzierung zu qualifizieren, nutzte Ornua die Plattform Wave, ließ darüber sein Akkreditiv von der Bank genehmigen und erhielt direkt im Anschluss das Geld. Sobald das Fälligkeitsdatum (das Ende der Laufzeit) für die Vereinbarung erreicht war, zahlte Ornua die über die Wave-Plattform erhaltene Investition zurück und erhielt das Okay für die nächste Finanzierungsrunde bei der nächsten Milchlieferung.

Ornua und Wave kamen zu dem Schluss, dass die Unterschiede zwischen der analogen Dokumentenbearbeitung und Fintech bemerkenswert waren.

Vor dem Einsatz von Fintech benötigte Ornua zehn Geschäftstage, um ein Akkreditiv von der Bank zu erhalten; mit Wave war es nur noch ein Tag. Sobald das Akkreditiv genehmigt war, kennzeichnete Wave das Konto automatisch für Investoren und löste eine Zahlung direkt auf das Geschäftskonto von Ornua aus.

Weniger als vier Stunden später wurden Käse und Butter im Wert von 100 000 US-Dollar von Ornua zu einem in Irland ansässigen Lebensmittelunternehmen transportiert. Auf dem Weg dorthin konnten die Ornua-Investoren die einzelnen Phasen der Lieferung verfolgen, einschließlich der Freigaben durch die Exporteure und Importeure in Echtzeit. Sie wurden auch elektronisch benachrichtigt, sobald die Sendung eintraf.

Die Transparenz, die Wave den Anlegern bot, war einer von vielen noch nie dagewesenen Vorteilen von Fintech. Die Vorzüge, die es bietet, diese Technik im Handelsfinanzierungssektor einzusetzen, sprechen für sich. Es ist nicht der einzige Bereich, in dem Blockchain-Systeme nachweislich Handelsgeschäfte effektiv rationalisieren.

Fintech wurde auch eingesetzt, um eine Handelsfinanzierung zwischen Australien und Japan im Jahr 2017 mit der Marubeni Corporation zu erleichtern. Die Vereinbarung durchlief alle typischen Risikoanalysen und aufsichtsrechtlichen Prüfungen unter Verwendung der neuen Technologie mit großer Leichtigkeit, wobei ausschließlich die IBM-Plattform Hyperledger Fabric mit der Blockchain Distributed Ledger Technology (DLT) zum Einsatz kam.

Die neue, von IBM bereitgestellte Technologie wurde explizit mit Blick auf DLT entwickelt. Auf die Infrastruktur und die Protokolle konnte gleichzeitig über ein Netzwerk zugegriffen werden, das sich über mehrere Einrichtungen und Standorte erstreckte. Damit wurde der Prozess effektiv dezentralisiert, so dass zahlreiche bewegliche Teile weltweit im Tandem operierten.

Beide Seiten konnten bei der Nutzung dieser Technologie eine schnellere Erstellung, Übermittlung und Zustellung von Dokumenten feststellen, was sowohl Kosten als auch Zeit spart.

Abermals hat sich die Transparenz für beide Seiten erhöht, da die Technologie ständig den Status von Sendungen, Lieferungen und Zahlungen anzeigt.

Währenddessen testete der dänische Containerschiff-Riese Maersk seine Blockchain-Lösung, um seine Frachtbestände in Skandinavien zu digitalisieren. IBM führte einen Proof of Concept (einen Testlauf der Software) durch, um sicherzustellen, dass diese Fintech-Anwendung der Nachfrage gewachsen war. Im September 2016 begann Maersk zusammen mit IBM mit dem Tracking eines Containers mit Blumen, der von Kenia in die Niederlande verschifft worden war.

Das Pilotprogramm wurde auf einem Blockchain-Netzwerk betrieben, das die Marubeni Corporation genutzt hatte. Die Technologie war dafür konzipiert, mehrere Parteien im globalen Transportsystem zu unterstützen. Sie wurde in der IBM-Cloud gehostet und war sofort ein Erfolg sowohl für Maersk als auch für IBM.

Durch die Einführung dieser Technologie haben sich die Lieferzeit für Handelsdokumente sowie Fracht und die Arbeitszeit für damit zusammenhängende Aufgaben erheblich verkürzt. Dokumente, deren Freigabe und Genehmigung früher mehrere Tage oder Wochen benötigten, nahmen jetzt nur wenige Stunden in Anspruch – eine atemberaubende Zeitersparnis bei der Erstellung und Übermittlung von Dokumenten bei geringeren Kosten für ihre Digitalisierung. Importeure, Exporteure und Finanziers sahen die Transaktionsdetails in Echtzeit und konnten umgehend allen beteiligten Parteien den Zugriff darauf ermöglichen.

Bei dieser Anwendung reduzierte Fintech Fehler in den Versanddokumenten und minimierte die Betrugsmöglichkeiten, wenn es diese nicht gar beseitigte. Das Blockchain-System verkürzte die Produkttransitzeit und den Versandprozess, verbesserte die Bestandsverwaltung, reduzierte den Abfall und die damit verbundenen Kosten und minderte das Risiko für die Anleger. Das Fintech-System schien auf mehreren Ebenen und für verschiedene Branchen zu funktionieren und ließ die Tür für andere Unternehmen offen, damit sie diesem Beispiel folgten.

Diese ersten Tests haben sich als weitgehend vorteilhaft erwiesen und deuten auf eine große Chance für Fintech und Blockchain in der Handelsfinanzierungsbranche hin. Das Resultat dieser Erfindung macht den Handel für mehr Anleger zugänglich. Mit den neuen Formen der Transparenz und Rechenschaftspflicht von Blockchain-Verträgen wird die Handelsfinanzierung eine neue Generation von Investoren anlocken.

Handelsfinanzierung ist seit jeher eine zuverlässige und rentable Tätigkeit, wenn sie mit Sorgfalt betrieben wird. Die Branche hat erhebliche technische Fortschritte erlebt, die ihre Effizienz und Sicherheit erhöht haben. Zu den bemerkenswertesten Neuerungen gehört die weitverbreitete Einführung intelligenter Verträge (Smart Contracts), die die Bedingungen von Handelsvereinbarungen automatisieren und durchsetzen, wodurch der Bedarf an Vermittlern erheblich reduziert und die Gefahr von Streitigkeiten verringert wird. Die Verknüpfung der Lieferkettenfinanzierung mit dem Internet der Dinge (Internet of Things, IoT) hat die Überwachung und Verwaltung von Transportgütern revolutioniert. In Warensendungen angebrachte IoT-Geräte liefern Daten in Echtzeit und ermöglichen so eine präzise Nachverfolgung, eine bessere Bestandsverwaltung und eine besser ausgefeilte Risikobewertung. Diese Technologien rationalisieren die Abläufe und eröffnen neue Wege für die Finanzierung komplexer globaler Lieferketten.

Mit verbesserten Protokollen zum Risikomanagement und der zunehmenden Einbettung von Fintech-Lösungen im Bereich der Handelsfinanzierung werden nun auch bisher nicht bankfähige Geschäfte realisierbar. Die Handelsfinanzierung, einst ein Nischensektor, der sie in gewissem Maße immer noch ist, rückt immer mehr ins Rampenlicht der Finanzwelt.

Experten gehen davon aus, dass die fortschreitende Einbeziehung von Technologien wie Blockchain, Künstlicher Intelligenz (KI) und Internet of Things (IoT) die Welt der Handelsfinanzierung umgestalten und Transaktionen sicherer, effizienter und transparenter machen wird. Dies bietet Anlegern nie dagewesene Möglichkeiten, sich in einer Anlageklasse zu engagieren, die Stabilität und Innovation bietet. Da sich die regulatorischen Rahmenbedingungen weiterentwickeln und der Schwerpunkt zunehmend auf der Einhaltung von ESG-Richtlinien liegt, werden sich die Anleger an der Schnittstelle von Rentabilität und Nachhaltigkeit wiederfinden. Die fortschreitende digitale Transformation in Verbindung mit potenziellen Marktstörungen wie geopolitischen Spannungen und Verschiebungen in den globalen Lieferketten wird voraussichtlich ein dynamisches Umfeld mit vielen Chancen schaffen. Durch eine strategische Positionierung in diesem sich entwickelnden Markt können Anleger von diesen Trends profitieren, potenziell hohe Renditen erzielen und gleichzeitig einen Beitrag zur Zukunft des globalen Handels leisten.

Aktuelle Trends: Segen und Fluch der zunehmenden Regulierung

Vor der Pandemie von 2020 wurde die Weltfinanzkrise von 2008 angeführt als die schwerste Wirtschaftskrise seit der Großen Depression, die 1929 begann. In den frühen 2000ern gab es wieder Zeiten sehr laxer Finanzregulierung, was einige der wohlhabendsten Banken dazu verleitete, für die Außenwelt unvertretbare Kreditrisiken einzugehen. Diese Kombination ließ die Immobilienblase platzen, trieb die Hypotheken in den Keller und zwang respektable, globale Investmenthäuser wie Lehman Brothers, die 1847 gegründete viertgrößte Investmentbank der USA, in die Liquidation.

Seit 2024 wird der Handelsfinanzierungssektor mit neuen Herausforderungen konfrontiert, insbesondere mit der Einführung von regulatorischen Änderungen, die der Nachhaltigkeit und der Einhaltung von ESG-Vorgaben Vorrang einräumen. Diese sich entwickelnden Regulierungen verändern die Art und Weise, wie Finanzinstitute den Handel finanzieren, indem sie die Einhaltung von ESG-Kriterien zwingend vorschreiben. Die Institute müssen nun Nachhaltigkeitsbewertungen in ihre Finanzierungsprozesse einbeziehen und sicherstellen, dass ihre Handelsfinanzierungsgeschäfte mit den weltweiten Bemühungen zur Bekämpfung des Klimawandels und zur Förderung ethischer Geschäftspraktiken in Einklang stehen.

Eine Schockwelle im Welthandel wurde mit der Rückkehr von Donald Trump im Januar 2025 ins Weiße Haus ausgelöst, dessen massive Zollandrohungen die seit dem Ende des Zweiten Weltkriegs etablierte Ordnung des Welthandels auf den Kopf stellten mit unklarem Ausgang (Stand: Juni 2025).

Um einen Zusammenbruch des weltweiten Finanzsystems angesichts des Immobilienmarkt-Crashs von 2008 zu vermeiden, halfen Regierungen weltweit den nationalen Finanzinstituten aus der Klemme, die für das Überleben des eigenen Finanzsystems als essenziell erachtet wurden (»Bailout«). Das waren größtenteils Banken und Versicherungsgesellschaften mit Millionen von Kunden und Milliarden an Einlagen.

Auch die Regulierungsbehörden für den Welthandel reagierten auf die weltweite Bankenkrise. Vor 2008 berücksichtigten Banken bei der Kreditvergabe eine Vielzahl von Kriterien, die sich von Bank zu Bank und von Kreditgeber zu Kreditgeber unterschieden. Dann entschieden die globalen Regulierungsbehörden, dass sich alle Banken bei der Kreditvergabe an dieselben Beschränkungen innerhalb des Rahmens für das jeweilige Institut und sein Produkt halten sollten. Als die Regulierungen von Basel II und Basel III in Kraft gesetzt wurden, begannen die Banken, sich zu fokussieren auf die Kreditvergabe nur an solche KMU mit hoher Kreditwürdigkeit und ausreichend großer Kapitalreserve.

Die Finanzinstitute verlagerten ihren Fokus auf größere Unternehmenskunden und reduzierten die Kreditvergabe an ihre KMU-Kunden immer mehr. Dieser Schritt wurde unternommen, um die Banken vor riskanteren Kreditausgestaltungen zu »schützen«. Diese Herangehensweise hat den Wiederaufschwung des Handels verlangsamt und die Lücke zwischen KMUs, die eine Handelsfinanzierung benötigten, und denen, für die eine solche verfügbar war, vergrößert. Das für 2025 angegebene enorme Handelsfinanzdefizit von über 2,6 Billionen US-Dollar weltweit bekommen vor allem KMU zu spüren. Der Welthandel hat ständig wachsenden Bedarf an Kapital.

Die Wirtschaftsräume der Welt mussten einen weiteren globalen Marktcrash verhindern, und der Versuch der Regulierungsbehörden, dies zu erreichen, bestand in noch mehr Regulierungen. Die globalen Finanz-Regulierungsbehörden dachten, sie würden den Staaten damit einen Gefallen tun. Die neuen Gesetze und Regulierungen, die den Banken auferlegt wurden, stellten die Öffentlichkeit angesichts der staatlichen Bailouts ruhig, eine Maßnahme, bezüglich derer die Bürger weltweit tief gespalten waren. Durch die Einschränkungen bei der Handelsfinanzierung mussten die aufstrebenden Unternehmen aufgrund von Kapitalmangel kämpfen, um sich von dem Zusammenbruch zu erholen.

Der Markt machte wieder einmal turbulente Zeiten durch. Angesichts eines weltweiten Lockdowns stand die Welt am Rande eines weiteren wirtschaftlichen Zusammenbruchs. Die Pandemie von 2020 deckte jedes schwelende wirtschaftliche Problem von Banken und Kreditinstituten gnadenlos auf und verstärkte es. Einige Banken haben ihre Kreditvergabe an KMU stark eingeschränkt, andere vergeben fast gar keine Kredite mehr an sie oder nur noch gegen eine unrealistisch hohe Deckung dieser Schulden.

Die mangelnde Bereitschaft der Großbanken zur Kreditvergabe beeinflusste den KMU-Sektor, der in den meisten Wirtschaftsräumen dieser Welt über 90 Prozent ausmacht. Da die Banken sich immer noch weigerten, Kredite zu vergeben, mussten Branchen und Wirtschaftsräume weiterhin leiden. Da sich der Handel auf Großbanken stützen muss, werden bankbezogene Regulierungssysteme auch weiterhin wirtschaftliche Notlagen für KMU-Handelspartner rund um den Globus erzeugen.

Was an den Universitäten über Handel und den Finanzmarkt gelehrt wird, scheint auf die Handelsbedingungen der heutigen Welt deutlich weniger anwendbar zu sein. Als Antwort auf den jüngsten ökonomischen Niedergang hatten sich viele Beteiligte der Handelsbranche, Experten, Händler und Hersteller, eine Zurücknahme der Handelsregulierungen und ein erneuertes Bekenntnis zu ihren Interessen erhofft.

Führende Vertreter der Handelsbranche haben immer für eine Zurücknahme globaler Handelsregulierungen plädiert, erst recht jetzt, da Länder, die bereits vor der Pandemie kaum überleben konnten, Unterstützung über die traditionellen Kreditmöglichkeiten hinaus benötigten.

Der wesentliche Einwand der Regierung gegen Deregulierungen besteht darin, dass die Investition in Handelsfinanzierung veraltet und riskant sei. Das mag zu Beginn des 20. Jahrhunderts korrekt gewesen sein, als die Handelsfinanzierung anfing, bei regional ansässigen, wohlhabenden Investoren populär zu werden. Die verfügbaren Daten deuten aber auf das Gegenteil hin. Die Statistiken bestätigen über Jahrzehnte hinweg, dass die Finanzierung des Handels ein risikoarmes Investment mit niedriger Volatilität ist.

Den Regulierungs-Overkill auf ein vernünftiges Maß zu senken, würde die KMU, die am dringendsten Handelskapital benötigen, mit Geldmitteln versorgen und die globalen Lieferketten am Laufen halten. KMU stellen für ein Land das Mittel zu wirtschaftlichem Wachstum und sozialer Entwicklung dar.

In den meisten OECD-Ländern erwirtschaften KMU mehr als 50 Prozent des Bruttoinlandsprodukts (BIP). Einige weltweite Schätzungen setzen diese Zahl sogar bei 70 Prozent an. Somit hilft die Unterstützung des Handels in Zeiten wirtschaftlicher Unsicherheit dabei, den globalen Markt zu stabilisieren und ein weltweites Wirtschaftswachstum anzuregen.

Tatsächlich ist die Handelsfinanzierung in die Gesamtwirtschaft eingebunden, auch wenn die Handelsgeschäfte selbst keine Verbindung zum Aktienmarkt haben. Investments in die Handelsfinanzierung bewegen sich nicht mit den Schwankungen des Weltmarkts; der Handel dreht sich um den Bedarf an importierten oder exportierten Gütern und Dienstleistungen, was die Handelsfinanzierung konjunktursicher und unabhängig von den Aktienmärkten der Welt macht.

Selbst in Zeiten, in denen sich die Volkswirtschaften weltweit in einer Abwärtsspirale befinden, blieben Investments in die Handelsfinanzierung auch in wirtschaftlichen Notlagen sicher. Dieses Phänomen zeigte sich über die Jahrhunderte am florierenden Bündnis der britischen Handelsbanken.

KAPITEL 3

WIE DIE HANDELSFINANZIERUNG FUNKTIONIERT: METHODEN, MITTEL UND WERKZEUGE

Zu den am weitesten verbreiteten Formen der Handelsfinanzierung gehören heute Factoring, Reverse Factoring und Lieferkettenfinanzierung (Supply Chain Financing, SCF). Ein stärker spezialisierter Ansatz besteht darin, direkt in die Wertschöpfungskette zu investieren. In diesem Kapitel werden wir diese verschiedenen Methoden im Detail unter die Lupe nehmen, um zu verstehen, wie sie funktionieren, warum sie das Know-how von Spezialisten erfordern und wie alle Beteiligten – von Exporteuren und Importeuren bis hin zu Finanzierungsunternehmen und Investoren – davon profitieren können.

Nicht alle Handelsfinanzierungen funktionieren auf die gleiche Weise

Handelsfinanzierung lässt sich in zwei große Gruppen unterteilen: Transaktionen mit hohem Volumen und geringem Wert, die mit Standardvorlagen und hochautomatisierten Prozessen durchgeführt werden, und die maßgeschneiderten Transaktionen in unserem Sektor, die eine persönliche Betreuung erfordern, um die individuellen Geschäftsanforderungen zu erfüllen.

Standardverträge im Massengeschäft sparen Kosten und Zeit. Unsere Aufgabe ist es, individuelle Verträge zu erstellen, die den Kreditnehmer in den Bereichen unterstützen, in denen er es am meisten benötigt. Unsere Arbeit besteht darin sicherzustellen, dass jeder Klient oder Kunde die beste verfügbare Lösung erhält, indem wir einen »Finanz-Concierge-Service« anbieten. Dieser bietet eine gründliche Analyse der spezifischen Geschäftsanforderungen, so dass die Vertragsart ausgewählt werden kann, die sich am besten dafür eignet.

Vor allem in der Anfangsphase einer Geschäftsbeziehung, vor allem einer internationalen, sind Exporteure, die mit neuen Importeuren zusammenarbeiten, mitunter sehr ängstlich. Die Exporteure können nie wirklich sicher sein, dass die Importeure ihre Rechnungen pünktlich bezahlen werden – oder ob überhaupt. Factoring und Reverse-Factoring unterscheiden sich grundlegend von der Finanzierung der Lieferkette. Das alles wird im Folgenden ausführlicher beschrieben.

Factoring und Reverse-Factoring

Beim Factoring und Reverse-Factoring investieren die Anteilseigner in eine kreditversicherte Rechnung statt direkt in die Wertschöpfungskette. Der Kauf kreditbesicherter Forderungen direkt von einzelnen Unternehmen ist eine kostengünstige und unkomplizierte Möglichkeit, KMU auf sichere Weise zu finanzieren und einen Mangel an Betriebs- oder Eigenkapital zu überbrücken. Ein Verkäufer ist nun in der Lage, eine größere Warenlieferung zu finanzieren und gleichzeitig seine derzeitigen Kunden ohne Lücken bei der Lieferung von Dienstleistungen oder Produkten weiter zu bedienen.

Factoring: Ankauf der Forderung eines Exporteurs mit einem Abschlag

Beim Factoring kauft ein Investor oder ein Unternehmen wie Artis eine Rechnung von einem Exporteur mit einem Abschlag und erhält die Zahlung dieser Rechnung durch den Importeur zu einem vorher vereinbarten Termin. Factoring hilft dem Exporteur, die Zahlung früher zu erhalten, als der Importeur sie leisten kann, und optimiert auf diese Weise seine Liquidität.

Ein gutes Beispiel ist ein Textilunternehmen, das am Ende der Saison den aktuellen Lagerbestand abbauen muss, um Lagerplatz für die nächste Kollektion freizumachen. Der Käufer wird die Rechnung planmäßig erst in drei oder vier Monaten begleichen.

Der Verkäufer hingegen benötigt sein Betriebskapital so schnell wie möglich zurück, daher verkauft er die Rechnungen, oft kreditversichert, mit einem Abschlag und kann den Cashflow zur Finanzierung der Käufe für die nächste Saison nutzen. Trotzdem bezahlt der Importeur die Ware innerhalb des vertraglichen Zeitrahmens.

Man könnte meinen, dass Factoring ein hilfreiches Instrument für Schwellenländer ist – und das ist es auch, insbesondere für KMU in den meisten Ländern. Das gilt aber auch für Europa. Die Abschläge auf die Rechnungen variieren stark zwischen verschiedenen Regionen der Welt und selbst innerhalb einer Region, zum Beispiel zwischen europäischen Ländern. Darüber hinaus lässt sich jedes Geschäft mit einer Kreditversicherung absichern, was das Ausfallrisiko auf ein Minimum reduziert. Im Jahr 2021 hatte Artis in der Schweiz ein Auftragsbuch und Handelsfinanzierungen von über 1,5 Milliarden Schweizer Franken. »Wie bitte, in der wohlhabenden Schweiz?«, werden Sie fragen. Allerdings.

Derzeit bevorzugen wir kurzfristige Warenforderungen mit einer Laufzeit von bis zu 120 Tagen. Andere, oft größere Investmentgesellschaften verfolgen andere Strategien. Einige bieten Finanzierungen bis zu einem Jahr oder länger an, was eine andere Risikobewertung und oft zusätzliche Sicherheiten erfordert. Länger andauernde Finanzierungen grenzen fast schon an Projektfinanzierung. Während ein Handelsfinanzierer den Export von Zuckerrohr oder die Zuckerernte des nächsten Jahres finanziert, finanziert ein Projektfinanzierer die Zuckerverarbeitungsanlage. Es ist ein anderes Geschäft und ein anderes Risiko. Wir bleiben beim Handel.

Im Vergleich zur Lieferkettenfinanzierung ist Factoring ein rationalisierter Prozess mit weniger beweglichen Teilen, Personen oder Dokumenten. In jeder Phase einer Forderung, von der Versandvorbereitung bis zur Auslieferung des Produkts an den Importeur, kann Factoring eingesetzt werden. Einige Unternehmen wenden Factoring auf Forderungen aus »zukünftigen Verkäufen« an, bei denen der Käufer noch gar nicht feststeht. Diese Art von Risiko passt allerdings nicht zu unserer Geschäftsphilosophie. Sobald die Factoring-Gesellschaft eine Forderung oder ein Portfolio von Forderungen gekauft hat, ob kreditbesichert oder nicht, und sobald zudem die spezifischen Vertragsparameter festgelegt wurden, unterzeichnet der Exporteur einen Kaufvertrag mit der Factoring-Gesellschaft, der einen Rabatt beinhaltet.

Der Käufer zahlt den vollen Rechnungsbetrag an Artis am Fälligkeitstag, unabhängig davon, wann die Ware zugestellt wird. Die Vereinbarung kommt dem Verkäufer gelegen und die Factoring-Gesellschaft erhält ihre Marge für die Bereitstellung der Finanzierung. Durch den Ankauf der bestehenden Forderung abzüglich des Rabatts des Exporteurs wird die Marge im Voraus gesichert.

Ein Factoring-Anbieter hat Zugang zu detaillierten Finanz- und Wirtschaftsinformationen, darunter Unternehmensdatenbanken, Kreditratings oder Kreditversicherungen, für die ein Verkäufer oft nicht aufkommen möchte. Einen Factoring-Anbieter einzuschalten, ist für uns gut angelegtes Geld.

Kreditbesicherte Forderungen bieten ein hohes Maß an Schutz vor Käufern, die nicht zahlen können oder wollen. Im Idealfall würde jeder Verkäufer eine Handelsversicherung für seine Käufer abschließen, doch nicht alle Verkäufer möchten dies. Wenn ein Importeur nicht zahlt, gibt es für Exporteure und Verkäufer vor Ort keinen formalen Schutz, um ihre Verluste zu erstatten. Der Verkäufer muss sich gegebenenfalls an ein Gericht im In- oder Ausland wenden, was bedeuten kann, sich mit der Angelegenheit in einer Fremdsprache in einem fremden Rechtssystem auseinanderzusetzen. Mit Factoring haben die KMU einen garantierten Cashflow.

Ein weiterer Grund für KMU, Factoring zu nutzen, ist die Finanzierung ihres Wachstums. Wachstumsfinanzierung kann Segen und Fluch zugleich sein. Denn mit der Expansion des Unternehmens wächst nicht nur das Forderungsvolumen, sondern es wachsen auch die Rechnungen für den Einkauf von Rohstoffen zur Herstellung weiterer Waren. Unternehmen, die sich rasant entwickeln, können aufgrund finanzieller Engpässe in die Lage kommen, mehr Aufträge als Bestände zu haben. Dies gilt vor allem dann, wenn die Mittel der Exporteure in Forderungen gebunden sind, die verspätet oder so langsam beglichen werden, dass sie mit dem Finanzierungsbedarf für weiteres Wachstum nicht Schritt halten.

Es kann sein, dass ein kleiner Stahlproduzent mit geringen Gewinnmargen das Geld des Käufers benötigt, um das Rohmaterial für die Herstellung des bestellten Produkts zu kaufen. Dies kann ein heikler Teil der Finanzierung der Wertschöpfungskette sein. Wenn Verkäufer die Bedürfnisse ihrer Kunden nicht befriedigen können, verlieren sie möglicherweise ihr Unternehmen. Die Lösung für Hersteller, sofern sie über den nötigen Cashflow verfügen, besteht darin, ihre Lieferanten für die zusätzlichen Rohstoffe oder Teile im Voraus zu bezahlen, um alle Aufträge umgehend zu erfüllen und so ihre treuen Kunden zu halten und den Bestand für neue Kunden zu sichern.

Factoring ist zwar weniger kompliziert als eine Lieferkettenfinanzierung, erfordert aber dennoch ein gesundes Maß an Risikominderung und Sorgfalt. Der erste Schritt im Factoring-Prozess ist die Überprüfung der Angaben der Parteien. Die Factoring-Anbieter wollen sichergehen, dass der Verkäufer, der die Finanzierung beantragt, ein rechtmäßiges Geschäft betreibt. Die Prüfungsphase umfasst Überprüfungen des Hintergrunds, der Unternehmensgeschichte und der allgemeinen Reputation sowie eine Untersuchung der Glaubwürdigkeit des Importeurs.

Finanzielle Bestandsaufnahme und Überprüfung des Hintergrunds sind notwendig

Finanzielle Bestandsaufnahmen und eine Überprüfung des Hintergrunds sind wesentlich, um einen Bewerber für eine Investition zu validieren. Fortschritte bei den digitalen Tools in jüngster Zeit haben die Effizienz und Präzision dieser Prozesse erheblich verbessert. Seit 2024 werden KI-gesteuerte Plattformen und Algorithmen des maschinellen Lernens zunehmend zur Automatisierung komplexer finanzieller Beurteilungen, zur Verbesserung der Genauigkeit der Kreditwürdigkeitsprüfung und zur Rationalisierung der Due-Diligence-Prüfung eingesetzt. Diese Technologien ermöglichen eine schnellere Datenextraktion und -überprüfung durch Tools wie Optical Character Recognition (OCR) und sorgen für genauere und zuverlässigere Bewertungen. Durch eine gründliche Überprüfung der Finanzgeschichte eines Unternehmens, die Analyse von Jahresberichten und die Durchführung von Hintergrundprüfungen bei wichtigen Beteiligten kann eine Factoring-Gesellschaft sicher sein, dass der Bewerber vertrauenswürdig ist und die Investition zurückzahlen kann.

Bevor ein Vertrag unterzeichnet wird, prüft Artis den Wert des Produkts, auf das Factoring angewendet werden soll. Sobald Verkäufer und Käufer überprüft sind, ist es Zeit für die persönliche Due-Diligence-Prüfung. Die Projektmanager von Artis besuchen das Unternehmen vor Ort, um das Audit durchzuführen.

Wir sehen uns den gesamten Geschäftsprozess von der Produktion bis zum Versand (per Schiff, Lkw und Flugzeug) an. Investmentfirmen setzen große Summen für den Kauf von Forderungen ein, und es liegt im Interesse der Geldgeber, dass das Unternehmen konsequent das liefert, was der Käufer beim Importeur bestellt hat, um Probleme mit dem Produkt bei der Ankunft zu vermeiden.

Artis prüft Verträge persönlich und vor Ort. Dadurch werden Risiken und Missverständnisse bei der Factoring-Vereinbarung minimiert. Artis geht mit dem Exporteur die Vereinbarung im Detail durch und gibt dem Verkäufer Zeit, Fragen zu stellen, Bedenken auszuräumen oder Klarstellungen vorzunehmen. Die Parteien müssen sich darüber im Klaren sein, was sie im Rahmen der Transaktion voneinander erwarten, und sie müssen dem zustimmen.

Sobald der Exporteur den Vertrag unterzeichnet hat, ist Artis Eigentümer der Forderung für die betreffende Sendung. Bevor der Exporteur bezahlt wird, stattet Artis ihm einen Besuch ab. Auch der Käufer/Importeur wird in einem ähnlichen Verfahren geprüft.

Der Importeur benennt eine Kontaktperson, die sich während des Prozesses und bis zum Abschluss der Zahlung mit Artis in Verbindung setzen kann. Das KYC-Verfahren (»Know Your Customer«, »Kenne deinen Kunden«) prüft, ob die Kunden diejenigen sind, die sie zu sein behaupten.

Sobald die Zahlung an den Exporteur erfolgt ist, wird die Vereinbarung ausgeführt. Die Rechnung und etwaige Kredit- und Betrugsversicherungen werden an den Geldgeber weitergeleitet, der die Lieferung und die mit dem Käufer vereinbarten Zahlungsbedingungen überwachen wird. Wir ziehen Wiederholungsgeschäfte den einmaligen Lieferungen vor, da sich die Kosten für den Aufbau der Geschäftsbeziehung über mehrere Lieferungen amortisieren können. Artis versucht, die Laufzeiten kurz zu halten – 100 Tage sind das Maximum. Je schneller das Produkt umgeschlagen wird, desto eher werden die Parteien bezahlt und desto mehr Produkte können ausgeliefert werden.

Factoring hilft KMU bei der Verwaltung der Kundenkredite und ihres Cashflows. Beim Factoring einer Forderung durch ein KMU schuldet der Käufer das Geld dem Investor und nicht mehr dem Verkäufer. Doch nicht der Importeur weist eine Schuld in seiner Bilanz aus, sondern die Forderung erscheint in den Finanzzahlen außerhalb der Bilanz unter »Verbindlichkeiten aus Lieferungen und Leistungen«, was seine Kreditwürdigkeit schützen kann, statt eine Überschuldung in seiner Bilanz auszuweisen, wenn er seine Lieferungen pünktlich bezahlt.

Es bleibt jedoch eine Verpflichtung für das Unternehmen; und Analysten betrachten auch außerbilanzielle Verpflichtungen. Beim Factoring und Reverse-Factoring kann die Kreditlinie an die Bedürfnisse des Käufers angepasst werden, vorausgesetzt, die Finanzlage des Unternehmens lässt eine Umsatzsteigerung zu.

In einer Zeit von wirtschaftlichem Chaos und Zerfall ist finanzielle Flexibilität ein solider Rettungsanker für ein Unternehmen. Wir haben erlebt, dass Unternehmen, die ihre Rechnungen normalerweise vorzeitig oder zumindest pünktlich bezahlt hatten, einen Zahlungsaufschub beantragten, als die COVID-19-Pandemie ausbrach. Der Einsatz von kurzfristigem Factoring hält Tausende von Unternehmen in wirtschaftlich schwierigen Zeiten am Leben.

Beim Factoring müssen die KMU-Gesellschafter keine Anteile an ihrem Unternehmen aufgeben oder Unternehmensanteile verkaufen oder ihr Eigenkapital erhöhen. Stattdessen erhält das Factoring-Unternehmen lediglich das Eigentum an einer bestimmten Forderung. Die Aufgabe einer Factoring-Gesellschaft besteht weder darin, Anteilseigner zu werden, noch darin, das Unternehmen zu führen. Der Auftrag besteht lediglich darin, die Cashflow-Situation des Unternehmens durch Factoring zu verbessern.

Reverse-Factoring: Gleiches Verfahren, anderer Initiator

Reverse-Factoring wird vom Importeur/Käufer initiiert. Es wird am besten bei soliden Kunden mit A-Rating angewendet. Reverse-Factoring ist nicht zu empfehlen, wenn die Bonität des Kunden schlecht ist oder die Erlöse zur Streckung von unzureichendem Betriebskapital verwendet werden.

Käufer schätzen Reverse-Factoring, um das Risiko zu verringern, dass eine Lieferkette unterbrochen wird. Wenn Importeure Zugang zu frühzeitigen Zahlungen haben, sind sie aufgrund des höheren Kapitals, das sie im Voraus erhalten, eher in der Lage, ihren Kauf zu bezahlen. Da die Gelder im Namen der Importeure an die Exporteure überwiesen werden, ist der Exporteur bestrebt, die Ware zu versenden, wodurch sich die Lagerbestände verringern, Platz im Lager frei wird und er kassiert. Gleichzeitig können die Käufer ihr Kundennetz ausbauen, ohne zusätzlich einen Liquiditätsengpass befürchten zu müssen. Oft können die Importeure die Ware schon auf dem Markt verkaufen, bevor die Rechnung fällig ist.

Reverse-Factoring erhöht das verfügbare Betriebskapital für Importeure. Mehr Betriebskapital bedeutet, dass die Importeure die Kreditorenlaufzeit erhöhen können. Die Kreditorenlaufzeit (englisch »Days Payable Outstanding«, »DPO«) ist die durchschnittliche Anzahl von Tagen, die ein Unternehmen benötigt, um seine Lieferanten zu bezahlen, und sie ist ein Maßstab für Investoren und Finanzierungsgesellschaften, um die Kreditwürdigkeit eines Unternehmens einzuschätzen.

Eine längere Kreditorenlaufzeit bedeutet, dass ein Unternehmen länger braucht, um seine Lieferanten zu bezahlen. Zumindest auf dem Papier wirkt das Unternehmen damit risikoreicher. Vor allem in einer Wachstumsphase wollen Unternehmen eine niedrige Kreditorenlaufzeit erreichen, um für neue Investoren attraktiv zu bleiben und ihre Legitimität sowie ihre Zuverlässigkeit als Geschäftspartner unter Beweis zu stellen.

Mehr Betriebskapital in Verbindung mit einer kurzen Kreditorenlaufzeit versetzt die Importeure in eine günstigere Position, um mit den Exporteuren zu verhandeln. Importeure, die ihren Exporteuren Reverse-Factoring anbieten, können mit ihren Lieferanten günstigere Bedingungen aushandeln und bessere Handelsverträge und Preise erhalten.

Das Verfahren für Reverse-Factoring folgt dem Verfahren für reguläres Factoring, wie es zuvor beschrieben wurde. Der Exporteur, der Importeur und ihre Geschäftsverbindungen werden mit der gleichen Sorgfalt geprüft. Anschließend schließt der Importeur einen Vertrag mit dem Exporteur ab und vereinbart Umfang und Häufigkeit der Lieferungen. Im Anschluss daran schickt der Exporteur dem Importeur seine Rechnung mit den Zahlungsbedingungen.

Nach Erhalt der Rechnung reicht der Importeur sie bei der Handelsfinanzierungsgesellschaft ein. Das Unternehmen übernimmt die Forderung, einschließlich des Anspruchs gegen die Kreditversicherung, und bietet dem Importeur/Käufer Zahlungsmöglichkeiten an, die in unserem Fall bis zu 120 Tage Zahlungsfrist betragen. Entscheidet sich der

Importeur/Käufer für eine vorzeitige Zahlung, bietet der Finanzdienstleister ihm einen Rabatt an. Alternativ dazu zahlt der Importeur den Gesamtwert der Rechnung zum vereinbarten Zahlungstermin.

Walmart ist ein gutes Beispiel für ein Unternehmen, das Factoring und Reverse-Factoring mit Lieferanten einsetzt. Zum Walmart-Lieferanten zu werden, ist ein wichtiger Erfolg für kleinere Exporteure, die mehr Umsatz und damit mehr Einnahmen erzielen wollen. Dies kann jedoch ein zweischneidiges Schwert sein, da »Riesen« wie Walmart dafür bekannt sind, zwar umfangreiche Aufträge zu erteilen, dabei aber nur geringe Gewinnspannen zuzulassen.

Das ist das Volumen-Margen-Dilemma des Herstellers. Solche Großaufträge können ein kleineres Unternehmen überfordern, das möglicherweise nicht über das Kapital verfügt, um die Produktanforderungen eines Unternehmens mit Milliardenumsätzen zu erfüllen.

Die Marke Walmart steht seit jeher dafür, den Verbrauchern Produkte zum niedrigstmöglichen Preis anzubieten. Dieses Versprechen gilt auch heute noch, wobei Primark oder Aldi eine ähnliche Marktphilosophie verfolgen. Große Händler schließen manchmal umfangreiche Verträge mit preisgünstigen KMU ab, um den niedrigsten Preis für die gewünschten Produkte zu erzielen.

Einen Mammutauftrag zu erhalten, ist eine Sache, aber jetzt muss das beauftragte KMU das Rohmaterial, die Produktion und den Versand finanzieren. Auch wenn wir uns wieder auf Walmart als Beispiel bezogen haben, gilt dies natürlich für jeden großen Konzern mit großer Vertriebs- und damit Kaufkraft.

Zwei Beispiele für (Reverse)Factoring

Die Artis-Gründung beruht auf den Grundsätzen der Logik, der Datenanalyse und des verantwortungsvollen Beitrags zu einem effizienteren Handel auf der ganzen Welt, wie klein dieser Beitrag in einem Multi-Billionen-Dollar-Markt auch sein mag. Unsere Aufgabe besteht nicht darin, für bestimmte Anliegen einzutreten oder darüber zu urteilen. Aber wir konnten ein eindrucksvolles Beispiel für (Reverse) Factoring nicht übersehen, das vor einigen Jahren von einem führenden Unternehmen im Bereich der erneuerbaren Energien an den Tag gelegt wurde.

Dieses Beispiel unterstreicht die strategische Rolle des Reverse-Factorings bei der Bewältigung von Angebots- und Nachfrageschwankungen in einer schnell wachsenden Branche und liefert Ihnen entscheidende Erkenntnisse für Ihre strategische Planung.

Die weltweite Nachfrage nach erneuerbaren Energien – wie Sonnenkollektoren und Windrädern – ist in den letzten Jahren sprunghaft angestiegen. Große Hersteller, vor allem im Solarenergiesektor, erlebten ein beispielloses Wachstum, das durch den weltweiten Wandel hin zu Nachhaltigkeit und Dekarbonisierung angetrieben wurde. Im Jahr 2021 wollte einer der größten Hersteller von Solarmodulen seine Produktion ausweiten, um die steigende Nachfrage von Unternehmen und Staaten zu befriedigen, die in eine saubere Energieinfrastruktur investieren.

Wie andere Branchen auch arbeiten große Einzelhändler und Projektentwickler in der Regel mit Lieferung gegen Rechnung und Zahlungszielen von bis zu 60 Tagen. Als die Nachfrage in die Höhe schoss, entstand eine Finanzierungslücke für Hersteller, die ihre Produktion ausweiten mussten. Der Hersteller von Solarmodulen setzte in diesem Fall auf Reverse-Factoring-Vereinbarungen mit einem unabhängigen Factoring-Unternehmen. Das Factoring-Unternehmen stellte dem Hersteller das nötige Kapital zur Verfügung und ermöglichte es ihm, Rohstoffe zu beschaffen und die Produktion hochzufahren, sodass die Solarmodule rechtzeitig zur Einhaltung der Installationsfristen geliefert werden konnten.

Je nach Wettbewerbsfähigkeit auf dem Markt können große Hersteller in Bereichen wie den erneuerbaren Energien beim Reverse Factoring nur 1 bis 2 Prozent ihrer Marge über dem Standardsatz aushandeln. Dieses Potenzial für Kosteneinsparungen sollte sie zu Optimismus und zukunftsorientiertem Denken bei Ihren Strategien für das Lieferkettenmanagement anregen.

Die betreffende Vereinbarung ermöglichte es dem Solarmodulhersteller, seinen Produktionsumfang zu steuern und sicherzustellen, dass Händler und Projektentwickler die benötigten Geräte ohne Verzögerung erhielten. Diese Finanzierungsmethode stellt die Kunden zufrieden und gibt ihnen die Gewissheit, dass in einer Branche, in der das Timing von entscheidender Bedeutung ist – vor allem, wenn es um staatliche Anreize und Projektfristen geht – sie als Kunde im Mittelpunkt stehen.

Wie alle Arten von Finanzierung sind auch Factoring und Reverse-Factoring mit Risiken behaftet. Probleme wie Transportverzögerungen oder beschädigte Waren können auftreten, werden aber häufig durch einen entsprechenden Versicherungsschutz gemildert. In Branchen wie den erneuerbaren Energien, in denen Just-in-time-Lieferketten Standard sind, ist Pünktlichkeit entscheidend. Verzögerungen bei der Lieferung von Ausrüstungen können zu Projektunterbrechungen, verpassten Installationsterminen und verlängerten Finanzierungsfristen aufgrund verspäteter Zahlungen führen.

Ein weiteres Factoring-Beispiel soll Ihnen die immensen Vorteile verdeutlichen, die Forderungsfactoring aufweist, wenn Angebot und Nachfrage international schwanken.

Im Jahr 2017 meldete das FBI mehr als 25 Millionen Hintergrundüberprüfungen im Zusammenhang mit Bestellungen von Schusswaffen – ein Anstieg von mehr als vier Millionen Personen gegenüber den beiden Vorjahren. Große Hersteller wie Smith & Wesson und Sturm, Ruger & Co. verzeichneten Rekordumsätze, ebenso wie große amerikanische Waffenhändler wie Cabela's und Dick's Sporting Goods, aber es war das Unternehmen Walmart, das sich an die Spitze dieser Entwicklung setzte.

Für Walmart, ein Multimilliarden-Dollar-Unternehmen, war es eines der herausragendsten Jahre, was den Verkauf von Schusswaffen betraf, und der Markt zog weiter an. Im Jahr 2017 beschloss Walmart, Reverse-Factoring anzuwenden. Große Einzelhändler auf der ganzen Welt vereinbaren Lieferung gegen Rechnung und verlangen Zahlungsfristen von bis zu 60 Tagen für die verkauften Güter. Und warum? Wahrscheinlich, weil sie es können. Sie tätigen umfangreiche Bestellungen. Nehmen Sie zum Beispiel die Lebensmittelindustrie. Wenn die Herstellung und der Versand zwei Monate in Anspruch nehmen, kann es bis zu 120 Tage dauern, bis der Hersteller die Zahlung erhält.

In unserem Schusswaffen-Beispiel wollte Walmart den Herstellern das Geld nicht vorstrecken, um ihre Rohstoffeinkäufe zu finanzieren.

Stattdessen strebte es Reverse-Factoring-Vereinbarungen mit einem unabhängigen Factoring-Anbieter an. Der Factoring-Anbieter stellte den Waffenherstellern Kapital zur Verfügung, damit sie ihre Produktionskapazitäten erweitern und mit der wachsenden Nachfrage nach Schusswaffen Schritt halten konnten.

Das Reverse-Factoring verschaffte Walmart genügend Zeit, um die Rechnungen zu bezahlen, und trug dazu bei, dass die Regale mit den Produkten bestückt waren, die die Verbraucher am dringendsten nachfragten – und zwar sofort. Wenn sich ein Verbraucher einmal für einen Kauf entschieden hat, will er nicht mehr warten; und der Verkäufer kennt die Psychologie seines Käufers.

Die Pünktlichkeit der Lieferung von Produkten ist von besonderer Bedeutung, wenn das Produkt Teil einer Just-in-time-Lieferkette ist. Eine Verzögerung von nur einem Tag kann eine Lücke in den Lagerbeständen und eine Unterbrechung der Lieferkette bedeuten. Hersteller und Abnehmer sind in einer Welt der schlanken Lieferketten mit geringen Lagerbeständen darauf angewiesen, dass die Komponenten pünktlich am Platz sind.

Die zeitliche Planung und Vorbereitung der Lieferung verderblicher Waren ist ein wesentlicher Bestandteil des Prüfungs- und Optimierungsprozesses eines Logistik- und Investitionsunternehmens. Außerdem besteht das Risiko einer falschen oder ausbleibenden Lieferung. Vor allem im internationalen Handel kann es Wochen dauern, bis eine Sendung zurückgeschickt und dem Importeur eine weitere Lieferung zugestellt wird. Den Importeuren entgehen durch eine solche Verzögerung Umsätze, und die Laufzeit muss verlängert werden, da die Importeure möglicherweise nicht genügend Umsätze erzielt haben, um die Rechnung zu begleichen.

Ein Praxisbeispiel für Zahlungsausfall: Dennoch ist das Verlustrisiko für den Finanzier gering

Dass es womöglich zu einem Zahlungsausfall kommt, dieses Risiko bereitet Unternehmern, vor allem solchen mit kleinen und mittelständischen Betrieben, schlaflose Nächte. Wenn die Factoring-Gesellschaft nicht mit dem Importeur in Kontakt bleibt, könnte der seltene Fall eintreten, dass der Importeur »vergisst«, die Zahlung zu tätigen. Schließlich wurde der Exporteur bezahlt und der Importeur hat seine Waren erhalten. Es ist leicht, einen gesichtslosen Finanzier zu ignorieren, vor allem wenn dieser in einem weit entfernten Land sitzt. Um eine solche »Amnesie« zu vermeiden, pflegen wir eine enge persönliche Beziehung zu den Unternehmen, mit denen wir zusammenarbeiten, damit Verkäufer und Käufer eine persönliche Partnerschaft mit unserer Firma aufbauen können.

Ein neues Unternehmen, das mit wettbewerbsfähigen Preisen auf einem Markt auftaucht, kann die Gewinnspannen des Importeurs, der derzeit die Spitzenposition einnimmt, unter Druck setzen. Wenn in einer Branche oder auf einem Markt ein neues Unternehmen hinzukommt, müssen die etablierten Firmen ihren Marktanteil verteidigen. Viele neue Unternehmen bieten ihre Produkte anfangs mit unhaltbaren Preisnachlässen an und locken auf diese Weise eine Vielzahl von preisneugierigen Kunden an – eine Praxis, die illegal ist. Es mag bei ausstehenden Rechnungen eines Factoring-Unternehmens zu Zahlungsschwierigkeiten kommen, aber darum kümmert sich die Kreditversicherung.

Um mit dem neuen Wettbewerber konkurrieren zu können, der ähnliche Produkte zu niedrigeren Kosten anbietet, könnten andere Händler gezwungen sein, ihre Preise für die betreffende Produktlinie ebenfalls zu senken, es sei denn, sie verfügten über eine privilegierte oder monopolähnliche Marktposition. Niedrigere Preise führen in der Regel zu geringeren Gewinnspannen, es sei denn, der Verlust lässt sich durch eine Senkung der Produktionskosten ausgleichen, was wiederum zunächst auf eine bestehende Ineffizienz im Produktionsprozess hinweist. Not macht erfinderisch.

Wie andere auch führen wir eine gründliche Bonitätsprüfung durch, um interne und externe Kreditrisiken zu mindern. Wir prüfen dabei, ob das Unternehmen mindestens zwei Jahre lang ordnungsgemäß gearbeitet hat. Wir verlangen einen klar definierten Zweck für das Factoring und wollen verstehen und sicherstellen, dass unsere Vereinbarungen spezifisch, klar und einfach sind. Das interne Kreditprüfungsverfahren stellt sicher, dass das zu finanzierende KMU einen Mindestumsatz für das Produkt vorweisen kann. Verfügt das Unternehmen über ein Händlernetz, das für diesen Mindestumsatz spricht? Verfügt es über die richtigen Lieferanten, um die Nachfrage zu decken?

Bei der internen Bonitätsprüfung wird die Kreditwürdigkeit eines kleinen oder mittleren Unternehmens sehr genau unter die Lupe genommen. Dabei drehen wir jeden Stein einzeln um. Wir arbeiten nicht nur mit Kreditwürdigkeitsprüfung, sondern untersuchen auch, ob ein Unternehmen gut aufgestellt ist, seine geplanten Ziele erreicht und innerhalb seiner Branche und seiner Handelsnetze zuverlässig arbeitet.

In dem Bestreben, Betrugs- und Geldwäscherisiken im Zusammenhang mit internationalen Factoring-Transaktionen zu verringern, führen wir eine qualitative und quantitative Risikoanalyse der Haupteigentümer und der leitenden Angestellten durch. Der aktuelle Handelswert der Sicherheiten muss überprüft werden, da er sich auf die Qualität der Schuldner und der Lieferanten und auf ihre Finanzlage auswirkt. Veraltete Bestände und verdorbene Waren sind inzwischen viel weniger wert, als ursprünglich als Kaufpreis angesetzt wurde. Bei der internen Kreditprüfung wird die Werthaltigkeit für den Fall geprüft, dass ein Vermögenswert vollständig verloren geht.

Schließlich werden alle Kontoauszüge von den Artis-Experten für Risikomanagement überprüft, um den Cashflow zu verifizieren und sicherzustellen, dass nicht womöglich eine einzelne Rechnung doppelt finanziert wurde. Nach Abschluss aller internen Prüfungen werden die Informationen zur Validierung an einen unabhängigen Dritten weitergeleitet.

Drittunternehmen wie Allianz Trade (ehemals Euler Hermes), ein Marktführer bei der Kreditversicherung und Geschäftsbereich der führenden Allianz-Gruppe, und andere prüfen unabhängig alle von Factoring- und Lieferkettenfinanzierungs-Unternehmen vorgelegten Dokumente, bevor sie Limits für die Kreditversicherung bestätigen.

Auf dieser Grundlage erstellt die Kreditversicherungsgesellschaft oder die Auskunftei eine eigene Bonitätseinstufung für das betreffende kleine oder mittlere Unternehmen und weist einen Factoring-Höchstbetrag zu, der auf den Finanzunterlagen des Käufers, den Cashflow-Belegen und den Verkaufsunterlagen basiert. Dadurch werden das Länder- und das

Kontrahentenrisiko begrenzt. Wir überprüfen die betreffenden Informationen anhand unserer Bewertung, um die Bedingungen des Factoring-Vertrags festzulegen. Ein Kreditversicherer kann weitere Optionen zur Risikodeckung anbieten, etwa eine Versicherung gegen Insolvenz, Betrug und Produktionsfehler.

Wie Handelsfinanzierer sind auch Kreditagenturen und Versicherer nicht ausschließlich auf Exporteure ausgerichtet. Finanzierungsvereinbarungen, Factoring-Limits und andere Bedingungen werden von der Vorgeschichte des Importeurs beeinflusst. Wir wollen sicher sein, dass ein Exporteur ein gutes Produkt pünktlich liefert. Die Finanzierungsvereinbarung basiert jedoch auf der Kreditwürdigkeit des Importeurs und nicht auf der des Exporteurs.

Statistisch gesehen ist Factoring nach wie vor eine sehr risikoarme Tätigkeit. Selbst angesichts der weltweiten Pandemie, die die Weltwirtschaft erschütterte, blieb Factoring eine stetige Ertragsquelle für Exporteure, Importeure und Investoren gleichermaßen. Während die übrige Weltwirtschaft inmitten von Regierungs-Shutdowns und finanziellen Engpässen fast im Tagesrhythmus schwankte, kauften und verkauften KMU in aller Welt weiterhin ihre Produkte, teilweise in großem Umfang. Über den Erfolg des Online-Verkaufs wurde viel berichtet.

Lebensmittelgeschäfte und Heimwerker-Branche boomten nicht trotz, sondern wegen der Pandemieturbulenzen in den COVID-19-Jahren. Die Nachfrage nach Reinigungsmitteln, Toilettenpapier und anderen Haushaltsartikeln stieg ins Unermessliche.

Viele Importeure, Investoren und Atemschutzmasken-Opportunisten haben in der Pandemie gut abgeschnitten. Factoring als Anlageklasse ist nicht mit den Aktienmärkten korreliert, so dass Factoring-Geschäfte auch angesichts der weltweiten wirtschaftlichen Unsicherheit weiter florierten. Factoring hat sich zu einem Finanzinstrument entwickelt, das Unternehmen weidlich ausgenutzt haben, um die jüngsten wirtschaftlichen Turbulenzen zu überstehen, und es erweist sich immer wieder als profitabel und erfolgreich.

Lieferkettenfinanzierung

Die Lieferkette steht für die Umwandlung von Rohstoffen in ein fertiges Produkt, das in irgendeinem Wirtschaftszweig verkauft werden kann. Für einen Kissenhersteller umfasst dieser Weg die Beschaffung von Textilien, das Füllen, Nähen, Verpacken, Lagern, Versenden und schließlich den Verkauf an den Kunden. Jede Phase dieses Prozesses hat ihre eigenen Finanzierungsanforderungen, vom Textillieferanten bis zum Verpacker und zum Händler. Die Lieferkettenfinanzierung umfasst verschiedene Finanzinstrumente wie Akkreditive, Bankbürgschaften, Finanzgarantien und Bankakzepte, die alle die Transaktionen in diesen Phasen erleichtern und den reibungslosen Warenfluss von der Produktion bis zum Verkauf gewährleisten.

Instrumente der Lieferkettenfinanzierung

Akkreditive können nur von Banken ausgestellt werden, nicht von einer gewerblichen Einrichtung wie einem Hersteller oder Händler. Ein Akkreditiv ist die Verpflichtung einer Bank, nach Abschluss und Bestätigung vorab vereinbarter Vertragsbedingungen zu zahlen. In den letzten Jahren hat es eine deutliche Verlagerung hin zu digitalen Akkreditiven gegeben, die die Welt der Handelsfinanzierung verändern. Diese digitalen Akkreditive nutzen die Blockchain-Technologie und andere digitale Plattformen, um den Transaktionsprozess zu straffen und den Zeitaufwand für die Überprüfung und Genehmigung von Dokumenten drastisch zu reduzieren. Dies beschleunigt nicht nur die Transaktionen, sondern verringert auch das Betrugsrisiko, da digitale Akkreditive für mehr Transparenz und Rückverfolgbarkeit sorgen. Banken und Finanzinstitute setzen diese Technologien zunehmend ein, um die Effizienz und Sicherheit zu verbessern und so die Handelsfinanzierung zugänglicher und zuverlässiger zu machen. Die Akkreditivbedingungen garantieren dem Käufer und dem Verkäufer, dass die Zahlung erfolgt, wenn die Leistungen in Bezug auf Qualität, Menge und Zeit wie vereinbart erbracht werden. Trotz des damit verbundenen bürokratischen Aufwands sind Akkreditive nach wie vor eine gängige und vertrauenswürdige Methode der Handelsfinanzierung, die beide Parteien absichert. Transaktionen und die Einhaltung gesetzlicher Anforderungen werden über die Bank abgewickelt. Für Finanziers ist das Verfahren unkompliziert, da die Zahlung garantiert ist, sobald der Kunde das Akkreditiv von der ausstellenden Bank erhält.

Bankgarantien/Finanzgarantien: Dies sind von einer Bank, einer Versicherung oder einer anderen Finanzinstitution ausgestellte Finanzinstrumente, die garantieren, dass ein vereinbarter Betrag zu einem vereinbarten Termin an einen Finanzier gezahlt wird. In jüngster Zeit wurden die Regulierungen geändert, um sich an die neuen Marktbedingungen anzupassen, wobei der Schwerpunkt auf der Verbesserung von Transparenz und Sicherheit im internationalen Handel lag. So enthält beispielsweise der Digital Operational Resilience Act (DORA) der Europäischen Union aus dem Jahr 2024 Bestimmungen, die sich auf die Handhabung von Bankgarantien auswirken, indem sie strengere Anforderungen an digitale Berichte und Überwachungen stellen. Diese Änderung zielt darauf ab, die Gefahr von Betrug und operativen Fehlern bei grenzüberschreitenden Transaktionen zu verringern und sicherzustellen, dass finanzielle Garantien mit größerer Zuverlässigkeit und Verantwortlichkeit ausgeführt werden. Solche regulatorischen Anpassungen sind im aktuellen globalen Handelsumfeld, in dem die Komplexität und das Volumen internationaler Transaktionen weiter zunehmen, von entscheidender Bedeutung. Anders als bei einem Akkreditiv wird der Betrag nur dann gezahlt, wenn die Gegenpartei bei der Transaktion den vertraglich vereinbarten Verpflichtungen nicht nachgekommen ist. Eine Bankgarantie ist ein Mechanismus, der einen Käufer oder Verkäufer vor Verlusten schützt, die durch die Nichterfüllung des Vertrags durch die andere Partei entstehen könnten. Es ist ein nachträglicher Schutz im Gegensatz zu einem Akkreditiv, das als bankgestütztes »Ich schulde dir und ich zahle dir« fungiert. Bankgarantien sind in einigen Rechtsordnungen ein geeignetes Instrument zum Schutz einer Transaktion, können aber nur nach einer günstigen Einschätzung vollstreckt werden.

Bankakzepte: Ein Bankakzept ist eine Form der Zahlung, die von einer Bank und nicht von einem einzelnen Kontoinhaber garantiert wird, so dass die Zahlung zu einem späteren Zeitpunkt sichergestellt wird. Die traditionell im internationalen Handel eingesetzten Bankakzepte haben sich durch die Fintech-Innovationen erheblich weiterentwickelt, insbesondere in den Schwellenländern. Fintech-Plattformen nutzen inzwischen hochentwickelte Algorithmen und die Blockchain-Technologie, um die Sicherheit und Zuverlässigkeit von Bankakzepten zu verbessern. Diese digitalen Tools ermöglichen die Verfolgung und Überprüfung von Transaktionen in Echtzeit und verringern so das Betrugs- und Fehlerrisiko. In Märkten mit weniger entwickelter Finanzinfrastruktur machen Fintech-Lösungen Bankakzepte zugänglicher und verlässlicher, was das Vertrauen der Handelspartner stärkt. Diese technischen Fortschritte führen zu einem erneuten Aufschwung bei der Nutzung von Bankakzepten, da Fintech den Zugang zu Handelsfinanzierungen in zuvor unterversorgten Regionen weiter demokratisiert.

Wie bereits erwähnt, sind Handelskredite ein Teilbereich der Handelsfinanzierung. Ein Handelskredit definiert die Zahlungsbeziehung zwischen Importeur und Exporteur. Wenn ein Importeur und ein Exporteur oder ein Käufer und ein Verkäufer einen Vertrag abschließen, erwartet der Verkäufer die Zahlung zum Beispiel innerhalb von 30, 60, 90 oder sogar 120 Tagen, nachdem der Käufer die Ware erhalten hat.

In vielen (europäischen) Ländern hat der Käufer die Wahl, die Rechnung innerhalb von zehn Tagen vollständig zu begleichen und einen Abzug von 2 Prozent vom Gesamtbetrag vorzunehmen – oft als »Skonto« bezeichnet – oder die Rechnung am Fälligkeitstag ohne Skontoabzug zu bezahlen. Ein Abzug von 2 Prozent für zehn Tage hört sich nach nicht viel an, ist aber übers Jahr betrachtet erheblich.

Handelskredite sind bei Handelsinvestoren aufgrund ihrer Marge, ihrer Sicherheit und der Option, den Cashflow zu erhalten, wenn das Unternehmen wächst, zu einem beliebten Instrument geworden. Exporteure und Lieferanten können mehr Geschäfte abschließen, ohne Bargeld im Voraus zu verlangen. Die Finanziers erhalten eine Marge und verlangen vom Käufer oft Sicherheiten zu ihrem Schutz. Auch wenn keine Bank an dem Kreditprozess beteiligt ist, riskiert der Käufer dennoch zusätzliche Gebühren und Zinsen, wenn er nicht pünktlich zahlt, so wie es jede andere Finanzvereinbarung womöglich vorsehen würde.

Das beste Beispiel für Handelskredite stammt von einem Kaufhaus, das sich zu einem internationalen Einzelhandelsriesen entwickelt hat, der heute in 20 verschiedenen Ländern vertreten ist: Walmart. Walmart begann nicht mit »Made in America«. Als Sam Walton Walmart gründete, war es sein Ziel, den Amerikanern die besten Waren zu den geringstmöglichen Kosten zu liefern. Um das zu erreichen, musste er die Waren so billig wie möglich einkaufen, was oft darauf hinauslief, dass er Importe bevorzugte. In Amerika hergestellte Waren erwiesen sich für Walton als zu kostspielig.

Zu Beginn der enormen Expansion seines Unternehmens beschloss er, den Handel über den Pazifik aufzubauen, um den Import zu einer Säule des Geschäftsmodells von Walmart zu machen. Zu dieser Zeit war Walmart noch ein vergleichsweise kleines Unternehmen. Die Expansion seines Unternehmens nach Übersee war ein großer Schritt für Walton, der mehr Kapital erforderte, als er zur Verfügung hatte.

Die gute Nachricht lautete, dass Walton nicht alles allein machen musste. Walmart war ein vielversprechendes Unternehmen und sorgte für Wirbel, war aber Anfang der 1980er-Jahre noch eine relativ junge Firma. Anstatt gerade genug Geld von Walmart für seinen ersten internationalen Handel mit Ursprung im Pazifik zusammenzukratzen, konnte Walton einen Handelskredit mit einem Handelsfinanzierer und dem gewünschten Exporteur in Anspruch nehmen. Walmart handelte den Kauf der benötigten Billigimporte aus und bezahlte sie später.

Die Exporteure aus dem pazifischen Raum waren froh, mit dem aufstrebenden Unternehmen Walmart zusammenzuarbeiten, hatten aber sehr strenge Regeln für Handelskredite. Die Exporteure lieferten die Waren unter »Net-60«-Bedingungen, das heißt Walmart musste den gesamten Betrag 60 Tage nach Erhalt der Waren bezahlen. Wurde der Betrag innerhalb von zehn Tagen beglichen, sollte es einen Rabatt von 20 Prozent geben. Bei Zahlung innerhalb von 30 Tagen würde der Rabatt auf 10 Prozent sinken. Wenn Walmart die Waren erhielt, verkaufte es sie mit seiner Gewinnspanne an seine Kunden und bezahlte den ausstehenden Betrag stets vorzeitig. Dadurch erzielte das Unternehmen eine bessere Gewinnspanne.

Einem Insider zufolge schätzte Walton selbst, dass die Importe 1984 fast 6 Prozent des Gesamtumsatzes von Walmart ausmachten. Aber Frank Yuan, ein ehemaliger taiwanesischer Zwischenhändler für Bekleidung, der in den 1980er-Jahren mit Walmart Geschäfte machte, schätzt den Anteil einschließlich der indirekten Importe von Anfang an auf etwa 40 Prozent. Wie auch immer: Waltons Vision war ein Vorläufer der weitaus umfangreicheren weltweiten Beschaffung heutzutage.

Der »Small Business Credit Survey« 2019 ergab, dass die Finanzierung von Handelskrediten das drittbeliebteste Finanzierungsinstrument für kleine Unternehmen ist. Doch die KMU, die diese Möglichkeit der Kreditvergabe zwischen Unternehmen in vollem Umfang nutzen, bleiben meist nicht lange klein oder mittelgroß. Die Handelsfinanzierung hat zu einem enormen Wachstum von Volkswirtschaften auf der ganzen Welt geführt, da sie die finanzielle Kluft zwischen Importeuren und Exporteuren überbrückt hat. Der Exporteur muss nicht mehr befürchten, dass der Importeur mit seinen Zahlungen in Verzug gerät, und der Importeur kann sicher sein, dass der Exporteur alle bestellten Waren geliefert hat, die der Handelsfinanzierer entsprechend bestätigt hat.

Die Pandemie hatte enorme Auswirkungen auf die Weltwirtschaft und offenbarte mehrere Ineffizienzen in der Handelsfinanzierungsbranche. Schwächere Kapitalreserven und eine geringere Verhandlungsmacht haben die Fähigkeit von KMU in Entwicklungsländern und Schwellenländern beeinträchtigt, effiziente Handelsfinanzierungshilfen zu erhalten, und sie sind mit höheren Handelsfinanzierungskosten konfrontiert. Die Banken ziehen es vor, mit großen, etablierten Firmen (»Large Caps«) zusammenzuarbeiten.

Angesichts der mangelnden Unterstützung für KMU während dieser Pandemie hat die Welthandelsorganisation WTO Bedenken dahingehend geäußert, dass unterentwickelte Länder und Finanzsysteme von den Handelsfinanzierungsmärkten ausgeschlossen werden könnten. Die am stärksten gefährdeten Teile dieser Märkte sollten mehr Flexibilität und Finanzierung durch spezifische Programme erhalten. Sie sollten speziell den Schwellenländern helfen, eine Pandemie zu überstehen. Die Business-to-Business/Peer-to-Peer-Kreditvergabe bietet Unternehmen weiterhin mehr Flexibilität, die trotz eines gültigen und besicherten Handelsgeschäfts Schwierigkeiten haben, eine Finanzierung durch den Finanzsektor zu erhalten.

Investieren in die Wertschöpfungskette

Bislang haben wir uns in diesem Kapitel mit Factoring, Reverse-Factoring und Lieferkettenfinanzierung über Handelskredite befasst. Wer in diesem Geschäft seine Gewinne maximieren und das Risiko minimieren will, kommt jedoch nicht umhin, sich das zu finanzierende Gut – also die gehandelten Waren – genauer anzusehen. Die Wertschöpfungskette bietet eine große Chance, die Handelsfinanzierung und die Gewinnmargen zu optimieren. Und es ist womöglich eine weitere Methode interessant, nämlich die Finanzierung mit direkter Besicherung durch die betreffende Ware.

Das Produkt, das Sie gerade in der Hand halten, könnte aus einem anderen Teil der Welt stammen. Wie ist es zu Ihnen gelangt? In welche Teile der Wertschöpfungskette sollte man investieren und in welche lieber nicht?

Früher waren Banken die wichtigsten Kreditgeber für KMU, die ihre Produkte oder Dienstleistungen in neue Märkte verkaufen wollten. Seit Beginn der 2000er-Jahre gibt es vermehrt Spezialisten für Handelsförderung. Diese Unternehmen konzentrieren sich oft auf bestimmte Sektoren oder Regionen. Zum Beispiel mag ein Fonds nur auf den Handel mit Usbekistan spezialisiert sein; viele haben sich auf Afrika konzentriert und finanzieren den Handel oder die Ernte. Wieder ein anderer spezialisiert sich ausschließlich auf Kuba und ein in Florida ansässiger Handelsfonds finanziert ausschließlich Fahrräder für die ortsansässigen Einwohner. Für jeden Topf den passenden Deckel, könnte man sagen. Ein interessanter Fall, den wir verfolgen, ist die Finanzierung des Exports usbekischer Textilien an deutsche Abnehmer. Unsere Factoring-Kunden sind somit die deutschen Importeure. Hohe Gewinnspannen von 1 Prozent pro Monat in Kombination mit einem überschaubaren Risiko, wie in Deutschland üblich, ist selten.

Während die oben genannten Investitionen für einen lokalen usbekischen oder in Florida ansässigen Anleger einfach sein mögen, sind sie für auswärtige Investoren – auch für Artis – komplex, wenn nicht sogar ungeeignet. Alles beruht auf dem Fachwissen des Handelsfondsmanagements, was uns dazu veranlasst hat, einen gezielten Ansatz zu verfolgen.

Es gibt nicht nur unterschiedliche Möglichkeiten, sich an der Finanzierung von Handel zu beteiligen, es gibt auch verschiedene Teile eines Handelsgeschäfts, die finanziert werden können. Alle Teile einer Fertigung oder eines Handelsgeschäfts bilden zusammengenommen die Wertschöpfungskette.

Die Wertschöpfungskette ist definiert als eine Reihe von Prozessen, die ein Unternehmen oder eine bestimmte Branche durchführt, um Rohmaterial in ein werthaltiges Produkt umzuwandeln und an den Endkunden zu verkaufen.

Im Jahr 1985 prägte der Ökonom und Professor an der Harvard Business School, Michael Porter, den Begriff der Wertschöpfungskette. In der Handelsfinanzierung ist die Wertschöpfungskette für Investoren von entscheidender Bedeutung, um auf jeder ihrer Ebenen fundierte Investitionsentscheidungen treffen zu können. Mit jeder Produktions- oder Fertigungsstufe, die ein Produkt durchläuft, sollte sich sein wirtschaftlicher Wert erhöhen.

Der Gesamtprozess, bei dem ein Produkt die einzelnen Etappen seiner Wertschöpfungskette durchläuft, bis es schließlich von einem Verbraucher gekauft wird, wird als »Wertschöpfungssystem« bezeichnet. Von der Rohstoffbeschaffung bis zum Transport umfasst das Wertschöpfungssystem auch Drittanbieter und Zulieferer, die auf dem Weg einer Produktlieferung durch die verschiedenen Phasen der Kette die notwendige Unterstützung leisten.

Artis hat Erfahrung darin, Vereinbarungen zur Handelsfinanzierung auf verschiedenen Ebenen der Wertschöpfungskette zu ermöglichen. Wir konzentrieren uns auf bestimmte Teile der Wertschöpfungskette und vermeiden andere. Artis übernimmt derzeit keine Finanzierung landwirtschaftlicher Produktion oder allgemein rasch verderblicher Lebensmittel. Durch unsere praktische Erfahrung hat sich unser Finanzierungsprozess mit dem Markt entwickelt. Es ist entscheidend, sich an die wandelnden Bedürfnisse unserer Kunden und ihres wachsenden Geschäfts anzupassen.

Die vier Hauptebenen der Wertschöpfungskette sind: Wareneingang, Produktion, Verarbeitung und Vertrieb. Unsere Philosophie besteht darin, dem Käufer/Importeur Kapital auf der letzten und finanziell sichersten Stufe der Wertschöpfungskette zur Verfügung zu stellen. Eine optimierte Wertschöpfungskette macht Unternehmen effizienter und liefert das hochwertigste Produkt zu den niedrigsten Kosten.

Der Wareneingang steht am Anfang der Wertschöpfungskette. Hier werden die Rohstoffe von externen Lieferanten und Quellen bezogen. Zu den Aktivitäten in der Eingangsphase der Wertschöpfungskette gehören der Einkauf, die Reinigung, der Empfang und die Lagerung der Vorprodukte für den Produktionsprozess. Lieferanten benötigen einen Vorabkredit oder eine offene Rechnung.

A Girl's Best Friend: Diamanten sind ein gutes Beispiel

Betrachten wir die Eingangsphase in der Edelstein- oder Diamantenindustrie, die mit der Beschaffung der Rohdiamanten beginnt: In der Input-Phase holen Arbeiter die Rohsteine aus der Erde. Der Wert des reinen, ungeschliffenen Steins kann variieren, aber von diesem Punkt an wird dem Produkt immer mehr Wert hinzugefügt.

Dann kommt die Produktionsphase. Artis ist normalerweise nicht an der Produktion beteiligt. In dieser Phase werden die Rohstoffe vorbereitet, bearbeitet und zusammengetragen. Auf dieser Ebene gibt es für uns nicht viel zu finanzieren, da dafür Betriebskapital erforderlich ist, das üblicherweise aus Eigenmitteln des Unternehmens stammt oder durch Bankkredite bereitgestellt wird.

In der Produktionsphase werden die Rohedelsteine – Diamanten, Smaragde, Rubine oder Aquamarine, um nur einige zu nennen – von Spezialisten geschliffen. Rohdiamanten sind romantisch, aber bei zahlenden Kunden nicht sehr begehrt. Die wahre Romantik eines Diamanten liegt in seinem funkelnden Schliff, seiner brillanten Farbe und seiner perfekten Lupenreinheit.

Diamanten werden heute vor allem in Belgien, Indien und Israel geschliffen und nach Abschluss dieser Phase wird ein erheblicher finanzieller Mehrwert geschaffen – oder zerstört, falls der Schliff misslingt. Es ist der hervorragend geschliffene Stein, der den Diamanten zum besten Freund eines Mädchens macht, zumindest dem von Marilyn Monroe gesungenen kultigen Filmsong zufolge. Winzige Unvollkommenheiten oder ein fehlerhafter Schliff machen den teuersten Stein wertloser.

Jetzt kommt die Verarbeitungsphase. In dieser Phase werden mehrere Materialien aus verschiedenen Branchen an einem einzigen Ort versammelt und zusammengefügt. In unserem fiktiven Edelsteinunternehmen werden lose Steine zu einem Schmuckstück zusammengefügt, etwa zu einem eleganten Ring, einer glitzernden Halskette oder einem atemberaubenden Anhänger. In dieser Phase sind oft verschiedene Talente gefragt, um das Produkt zusammenzufügen – zum Beispiel Goldschmiede für die Fassung von Verlobungsringen. Filigrane Ketten werden komplett mit Verschlüssen geliefert und fertig poliert. In dieser Phase der Wertschöpfungskette sind Finanzmittel für den Kauf von Teilen oder weiteren Materialien erforderlich. In der Verarbeitungsphase werden in der Handelsfinanzierung Kontokorrente verwendet, die oft in weniger als 30 Tagen beglichen werden. Alle Parteien sind auf eine schnelle Handelsabwicklung und zuverlässige Lieferungen angewiesen.

Die vierte und letzte Phase ist die Vertriebsphase. Nachdem das Produkt verpackt wurde, ist es bereit für den Vertrieb und den Kauf durch den Kunden. Die Vertriebsphase umfasst Lagerhaltung, Logistik, Handel und Transport.

Die Höhe der Rendite ist unterschiedlich je nach Branche und Ebene der Wertschöpfungskette, die finanziert wird. Nicht alle Stufen der Wertschöpfungskette sind für Investoren gleichermaßen finanziell attraktiv. Da die Wertschöpfung vollständig finanziert werden muss, ist es die Pflicht des Unternehmens, eine angemessene Finanzierung über die gesamte Wertschöpfungskette hinweg sicherzustellen. Unterbrochene Wertschöpfungsketten münden nicht in ein verkaufsfähiges Produkt.

Lektionen aus Lieferkettenunterbrechungen in der Vergangenheit

Die COVID-19-Pandemie hat die Zerbrechlichkeit der globalen Lieferketten offenbart und die Unterbrechung von Lieferketten weltweit zu einem kritischen Thema gemacht. Der plötzliche Stillstand des internationalen Handels Anfang 2020 war besonders dramatisch, wobei kleine Einzelhändler aufgrund fehlender Notfallpläne die Hauptlast zu tragen hatten.

In der Folge haben sich langfristige Veränderungen ergeben, wobei die Unternehmen zunehmend Arbeiten an ein Unternehmen in der Nähe des eigenen Standorts auslagern, um die Vorlaufzeiten zu verkürzen und die Widerstandsfähigkeit der Lieferkette zu verbessern. Regionen wie Mexiko und Osteuropa haben sich zu wichtigen Produktionsstandorten entwickelt, da die Unternehmen versuchen, die Produktion näher an den Heimatstandort zu verlegen. Diese Verlagerung hat neue Möglichkeiten für die Handelsfinanzierung eröffnet. Dabei stellen sich die Finanzinstitute auf diese stärker lokalisierten Lieferketten ein, indem sie flexible, maßgeschneiderte Finanzierungslösungen anbieten. Wir bei Artis wissen, wie wichtig die Risikominderung bei der Handelsfinanzierung ist. Wir sehen von einem Engagement ab, wenn sich offene Kreditvereinbarungen als ungeeignet oder zu riskant für Exporte erweisen. Stattdessen verlängern wir den Betriebskapitalzyklus für Importeure auf mehrere Ebenen der Wertschöpfungskette und sorgen dafür, dass Kontokorrente sowohl für Unternehmen als auch für Investoren die höchste Sicherheit bieten. Für Exporteure verkürzen wir den Bedarf an Betriebskapital durch die Bereitstellung einer Finanzierung beim Versand.

Es lohnt sich, genau hinzusehen

Investitionen in die Wertschöpfungskette erhalten das gesamte System von Werten aufrecht und haben Auswirkungen auf den globalen Handel und die Weltwirtschaft. Es ist wichtig zu verstehen, wie die Wertschöpfungskette funktioniert, um ihr Risiko zu minimieren und sie dann finanzieren zu können.

Die Komponenten einer Wertschöpfungskette, die üblicherweise finanziert werden, sind die für den Betrieb erforderliche Ausrüstung, gegebenenfalls der Abbau oder die Förderung, die Herstellung, der Kauf von Rohstoffen, der Prozess der Umwandlung von Rohstoffen in halbfertige oder verkaufsfähige Waren und die Vermarktung der verkaufsfähigen Waren.

Bei jeder Finanzierungsmöglichkeit gibt es Teilbereiche, die ebenfalls finanziert werden können. Jede mögliche Investition hat jedoch ein anderes Risiko- und Ertragsprofil, selbst wenn man verschiedene Teile derselben Stufe der Wertschöpfungskette betrachtet.

Auch wenn die Handelsfinanzierungsgesellschaften dafür sorgen, dass das Risiko so weit wie möglich gemindert wird, bleibt ein Restrisiko, das zu Problemen führen kann. Ein unzuverlässiges Logistikunternehmen kann eine gesamte Lieferkette und den Verkaufszyklus zum Stillstand bringen.

Die Auswirkungen des Mangels an Halbleitern im Jahr 2021 auf die Automobilindustrie sind ein anschauliches Beispiel. Wenn nicht jedes Teil verfügbar ist, kommt die Produktion zum Stillstand, und die Verzögerung kommt alle Teilnehmer der Wertschöpfungskette teuer zu stehen. Ein einziger Fehler beeinträchtigt die Kette und letztlich den Ruf der Marke. Für etablierte Großunternehmen mögen solche Produktionsverzögerungen finanziell verkraftbar sein, aber KMU haben meist nicht das Polster an zusätzlichen Ressourcen und Arbeitskräften, um einen solchen Druck abzufedern.

Zurück zu unserem Edelstein-Geschäft. In der Diamantenindustrie ist das Endprodukt selten der Diamant selbst, außer für Sammler; das Endprodukt ist Diamantschmuck.

Jeder Lieferfahrer und jedes Unternehmen, das ihn beschäftigt, müssen zuverlässig sein. Jede Sendung muss garantiert sein und jede Zählung von Frachtgütern muss gleichbleibend verlässlich sein. Das Risiko von Betrug oder Diebstahl zu verringern, hat in der Handelsfinanzierungsbranche nach wie vor höchste Priorität. Wie wir heute wissen, war die Handelsfinanzierung in der Zeit vor den technischen Fortschritten des 21. Jahrhunderts sehr betrugsanfällig, und mit der Einführung von Fintech hat sich dieses Risiko drastisch verringert. Zusätzlich zu diesen Fortschritten haben Rating-Agenturen dazu beigetragen, die zu finanzierenden Parteien zu bewerten, um den Grad der Zuverlässigkeit des jeweiligen Unternehmens zu belegen.

Bereits 1913 wurden mit der Gründung des US-amerikanischen Federal-Reserve-Systems (kurz: »Fed«) verschiedene Regulierungsbehörden geschaffen. Der Gedanke dahinter war, Transparenz in einem etwas nebulösen System zu schaffen. Regulierungsbehörden können es Investoren und Unternehmen erleichtern, Finanzierungsvereinbarungen zu treffen.

Die Geschichte eines Unternehmens ist ein weiterer wichtiger Faktor, der von den Ratingagenturen berücksichtigt wird. Es ist angebracht, sich ein umfassendes Bild von den Personen zu machen, die das Unternehmen leiten, das wir finanzieren wollen. Ratingagenturen gehen noch einen Schritt weiter und betrachten die Branche, in der das Unternehmen tätig ist. Dazu gehört auch der voraussichtliche Einfluss des Unternehmens auf eine bestimmte Branche und auf die Wirtschaft insgesamt. Ratingagenturen bewerten das kleine oder mittelgroße Unternehmen, das eine Finanzierung von dritter Seite anstrebt, so dass Investoren, ob Privatpersonen oder Unternehmen, darauf vertrauen können, dass es seinen finanziellen Verpflichtungen nachkommen und die geliehenen Mittel zurückzahlen wird.

Die Fed ist auch heute noch das einflussreichste aller geldpolitischen Gremien und ihr Einfluss erstreckt sich über den ganzen Globus. Ihre Entscheidungen werden von Banken, Unternehmen, Märkten und Regierungen genau beobachtet. Die Fed wird in den Medien häufig dafür kritisiert, dass sie die Geldpolitik, die Kreditbedingungen und den allgemeinen Mangel an Liquidität auf dem Weltmarkt beeinflusst. So sehr die Fed für ihre Arbeit kritisiert wird, so sehr beeinflusst sie die Märkte auch auf positive Weise. Die Fed beaufsichtigt das US-Bankensystem und übt durchaus auch einen nennenswerten Einfluss auf die Banken weltweit aus. So trägt sie zur Stabilität der Finanzmärkte bei.

Der Prozess, den Handelsfinanzierungsgesellschaften vor der Aufnahme eines neuen Kreditnehmers durchlaufen, ist streng und geht über eine reine Risikobewertung oder finanzielle Erwägungen hinaus, wie in den Kapiteln 6 und 7 erläutert wird. Investoren konzentrieren sich zunehmend auf Unternehmen, die akzeptable Umwelt- und Sozialstandards (»ESR«, »Environmental and Social Responsibility«) erfüllen. ESR ist zu einem entscheidenden Maßstab für Investoren und Kreditnehmer geworden und spiegelt ein wachsendes Engagement für ethische und nachhaltige Geschäftspraktiken wider.

Zu unseren Bewertungskriterien im Vorfeld einer Transaktion gehört, ob ein Unternehmen über eine ESR-Politik verfügt, zum Beispiel, ob es sich in Richtung »grünes« Unternehmen entwickelt, ob es CO_2-neutral werden will, ob es Initiativen zum Wassersparen und zum Recycling ergreift, ob es vor Ort kompostiert, ob es erneuerbare Energien einsetzt und ob es mit anderen Unternehmen zusammenarbeitet, die sich ihrer sozialen Verantwortung stellen. Dazu gehört, dass den Arbeitnehmern existenzsichernde Löhne gezahlt werden oder dass alle, vom Lkw-Fahrer bis zum Hafenarbeiter, angemessene Arbeitsbedingungen vorfinden. Von der verantwortungsvollen Landwirtschaft bis zur zuverlässigen Produktion: Verantwortungsbewusste Investoren verlangen, dass ihr Geld verantwortungsbewussten Unternehmern dabei hilft, Nachhaltigkeit für ihre Waren und ihre Mitarbeiter zu schaffen.

Einem kürzlich veröffentlichten Bericht der Internationalen Handelskammer (»ICC Trade Register Report«) zufolge liegt die durchschnittliche Ausfallquote bei Handelsfinanzierungen auf dem gesamten Welthandelsmarkt bei 0,02 Prozent. Im selben Bericht wurde festgestellt, dass (nicht handelsbezogene) Kredite im Allgemeinen durchschnittlich fünfmal riskanter sind als Handelsfinanzierungskredite. Die Kombination aus internationalen Regulierungsbehörden, Ratingagenturen und der unternehmenseigenen Due-Diligence-Prüfung von Kreditnehmern und Kreditgebern macht diesen Prozess so sicher wie nur irgend möglich.

Für den Leser, der neu im Bereich der Handelsfinanzierung ist, mag all dies – die vielen beweglichen Komponenten und die verschiedenen Ebenen der Wertschöpfungskette – überwältigend erscheinen. Es ist zwar wichtig, die Funktionsweise der einzelnen Ebenen zu verstehen, aber ebenso wichtig ist es, das Ganze einfach zu halten.

Als Anleger in Handelsfinanzierung investieren Sie in eine der Stufen der Wertschöpfungskette, indem Sie entweder einen Vorschuss für Exporteure oder ein Kontokorrent für Importeure bereitstellen. In beiden Fällen können der Importeur und der Exporteur das benötigte Kapital im Voraus erhalten und später zurückzahlen.

Der Artis-Ansatz: Wie Transaktionen durchgeführt werden und wie sie beiden Parteien zugutekommen

Artis ist bestrebt, durch Investitionen in eine der sichersten Anlageklassen – Forderungen aus Lieferungen und Leistungen – kontinuierlich überdurchschnittliche und stabile Erträge zu erzielen. Diese Geschäfte werden über ein umfangreiches, etabliertes Netzwerk von lokalen Händlern und globalen Lieferanten, hauptsächlich in Europa, Zentralasien, dem Nahen Osten und Afrika, abgewickelt.

Artis konzentriert sich auf Unternehmen mit klarem Entwicklungspotenzial, etablierten Beziehungen zu Käufern und einer nachgewiesenen Erfolgsbilanz bei der Lieferung von Produkten. Dabei legt Artis Wert darauf, dass diese Unternehmen die höchsten Qualitätsstandards in ihren jeweiligen Märkten erfüllen, was von den Banken jedoch nicht ausreichend gewürdigt wird.

Unsere Anlagestrategie ist auf die Finanzierung von Forderungen ausgerichtet, wobei der Schwerpunkt auf Reinvestitionen, Geschäftskontinuität und auf die Vermeidung von Spot-Transaktionen gelegt wird. Als branchenneutraler Handelsfinanzierer, der sich auf nicht-verderbliche Waren konzentriert, bietet unsere Strategie eine Diversifizierung des Engagements über verschiedene Branchen hinweg und einen konservativen Ansatz zur Risikominderung.

Zahlreiche Statistiken über Handelsfinanzierung belegen den Status dieser Anlageklasse als »ungekrönter König« der Anlagen mit geringem Risiko und geringer Volatilität. Gemeinsam werden wir die Erfolgsbilanz der Branche und unsere eigene durchforsten, um die Zuverlässigkeit dieser Anlage zu belegen und die Kosten einer Handelsinvestition zu untersuchen.

Lohnt sich eine Investition in Handelsgeschäfte noch und gibt es da versteckte Gebühren?

Als Anleger achtet man auf die Gesamtkosten einer Investition. Das gilt auch für Investitionen in Handelsfinanzierung. Mögliche Kosten sollten besprochen und offengelegt werden. Es kann nie genug Risikominimierung geben; unser firmeneigener Kreditbewertungsprozess stellt sicher, dass dies immer der Fall ist. Unser Modell stützt sich auf eine gründliche Finanzanalyse und auf Prognosen für die Branche und das Unternehmen.

Das Verfahren umfasst eine qualitative Risikoanalyse, bei der wir den Hintergrund des Firmeninhabers und der Unternehmensleitung überprüfen sowie die Bilanz in Bezug auf Kreditwürdigkeit, Marktfähigkeit und Verschuldungskapazität unter die Lupe nehmen, auch lassen wir das Betrugsrisiko analysieren und ein Kreditrating durch Dritte erstellen.

Eine Vor-Ort-Besichtigung ist unerlässlich, um sicherzustellen, dass die fraglichen Waren nicht nur ein Hirngespinst sind.

Der Antragsteller füllt ein Formular zur Kreditwürdigkeitsprüfung aus, das von unserem Team analysiert wird. Die Sicherheiten werden bewertet und unsere Risikoanalysten bestimmen, ob das Konto eine ausreichende Deckung ausweist.

Das interne Antragsverfahren für die Finanzierungsbedingungen kann von Artis jederzeit vor Unterzeichnung der Vereinbarung akzeptiert, abgelehnt oder geändert werden.

Wir führen eine gründliche Risikoanalyse durch, bei der wir auch alle Zielländer und Branchen berücksichtigen. Schließlich prüft Artis Qualität und Bonität der Zahlungsverpflichtungen des Antragstellers und seine Beziehungen zu den Lieferanten.

Als reguliertes Unternehmen, das in den Handel investiert, halten wir in allen Bereichen ein hohes Wertniveau aufrecht. Jeder Anleger darf eine professionelle Organisation mit hochqualifizierten, geschulten und erfahrenen Teammitgliedern erwarten. Die Erfahrung, die unsere Risikomanager aufweisen, ist mit der vergleichbar, die man in einem großen Finanzunternehmen in der Londoner City antrifft. Unser Anwalt für Handelsrecht ist mit dem Partner einer der großen europäischen Anwaltskanzleien vergleichbar. Jede Transaktion wird einer detaillierten und zeitintensiven Analyse unterzogen, bevor einige wenige ausgewählt und durchgeführt werden.

Geschäfte zu machen, ist mit Kosten verbunden. Artis erhebt, wie andere Unternehmen auch, eine Verwaltungsgebühr. Diese Gebühr trägt dazu bei, unser Team für die qualitativ hochwertige Arbeit zu bezahlen, die wir vor Ort mit den Kunden leisten, sowie für die umfangreichen Schreibarbeiten im Hintergrund. Darüber hinaus erhalten wir einen bestimmten Prozentsatz der Gesamterträge.

Die Anleger könnten versucht sein, die mit der Zusammenarbeit mit einem Handelsfinanzierungsunternehmen verbundenen Gebühren zu vermeiden, um die Rendite zu maximieren. Dagegen ist auch nichts einzuwenden, aber die erfahrene Beratung durch ein engagiertes und sachkundiges Team schützt ihre Investition und sollte nicht unterschätzt werden.

Von großem Wert ist die Fähigkeit, die Risiken zu verwalten und zu mindern, die entlang der Transaktionskette entstehen. Es geht um die Strukturierung von Geschäften zum Schutz, die laufende Überwachung der Konten und die Kontrolle der Transaktionen bis zur endgültigen Abwicklung.

Dies macht oft den Unterschied zwischen einer erfolgreichen Finanzierung und einem Misserfolg aus und ist der Hauptgrund dafür, dass eine Prämie für die Fondsmanager gerechtfertigt ist.

Der Wert eines Teams

Ein systematischer und strikter Ansatz bei der Risikobewertung und die Abarbeitung einer Checkliste sind entscheidend für das Ziel, das Risiko zu minimieren, und beides muss genauestens eingehalten werden. Unser wertorientierter Ansatz für die Handelsfinanzierung ist ein firmeneigenes Modell, das auf unseren im Laufe der Jahre entwickelten qualitativen und quantitativen Kriterien beruht.

Man könnte meinen, dass das, was eine Handelsfinanzierung ausmacht, dieselben kaufmännischen Erwägungen sind wie sonst: Geschäftsrisiken, operationelle Risiken und Kreditrisiken. Diese Risiken sind natürlich wichtig, aber für den Abschluss eines Handelsgeschäfts erstaunlicherweise nicht allein ausschlaggebend.

Denn dazu kommen noch »weiche« Faktoren wie Verhandlungsgespür, der Marktwettbewerb und langjährige, positive Geschäftsbeziehungen, die für gegenseitiges Vertrauen sorgen. Ihr Wert ist schwierig zu bemessen, was oft zu einer Uneinheitlichkeit bei der Preisgestaltung einzelner Handelsfinanzierungen führt. Solche »weichen« Faktoren spielen oft eine größere Rolle als objektiv messbare Kriterien und können den Ausschlag für eine erfolgreiche Handelsfinanzierung geben.

Nach der Überprüfung zahlreicher Transaktionen in den vergangenen zehn Jahren hat die Boston Consulting Group festgestellt, dass die Preisgestaltung für Handelsfinanzierungen durch den Kundenkontakt vor Ort und nicht durch die Marktkräfte der Transaktionen beeinflusst wird.

Handels- und Handelsfinanzierungs-Profis stützen sich auf ihr eigenes etabliertes Netzwerk und führen häufig Besuche und Erkundigungen durch, um ihre Investitionen zu schützen. Der »Vor-Ort-Ansatz« unserer Teammitglieder ist von entscheidender Bedeutung, wo auch immer wir investieren.

Abbildung 1 Ein hoher Ermessensspielraum schränkt die Fähigkeit der Banken ein, die Preisgestaltung wirksam zu steuern

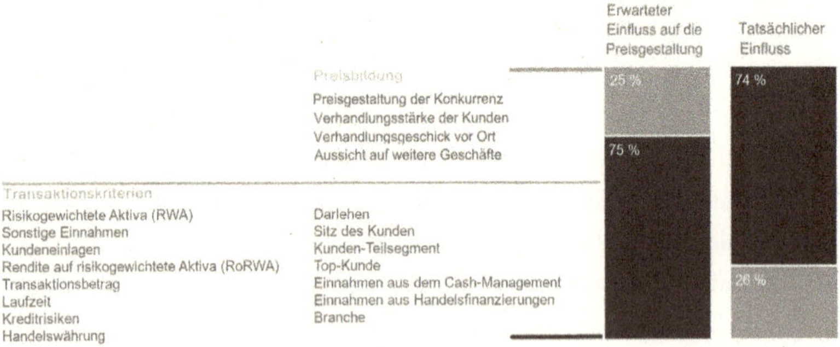

Quelle: Analyse Boston Consulting Group; Karthikeyan, Sumitra et al. (2019): »Breaking the Commodity Trap in Trade Finance«, BCG, 09.07.2019, https://www.bcg.com/publications/2019/breaking-commodity-trap-trade-finance.

Der Wert der Laufzeit

Die Laufzeit einer Anlage – die Anzahl der Kalendertage bis zur Fälligkeit eines Geschäfts – hat sich durch die Fortschritte in der Handelslogistik und der digitalen Vertragsabwicklung immer dynamischer entwickelt. Moderne Technologien wie KI-gesteuerte Analysen und Blockchain ermöglichen die Überwachung von Lieferketten in Echtzeit und die automatische Durchsetzung von Verträgen, was genauere Abschätzungen von Lieferzeiten und ein besseres Risikomanagement ermöglicht. Diese Innovationen haben zu kürzeren, zuverlässigeren Laufzeiten und der Möglichkeit geführt, sie als Reaktion auf Marktbedingungen oder Störungen der Logistik schnell anzupassen. Infolgedessen sind Investitionen in Handelsfinanzierung sicherer und effizienter geworden, wovon sowohl Investoren als auch Unternehmen profitieren.

Die Entscheidung über die Laufzeit hängt von der Art des Handels, der Branche, der Wertschöpfungskette und anderen spezifischen Faktoren für jedes Geschäft ab. Tankstellenfinanzierungen brauchen oft nur sieben Tage Finanzierung, die meisten Produkte allerdings 30 bis 90 Tage. Dieser kurze Handelszyklus steht im Einklang mit unserer Strategie, reduziert die Zeit, bis Geldmittel wieder verfügbar sind, und schafft beständige Reinvestitionsmöglichkeiten. Wir wachsen mit den Unternehmen, die wir finanzieren.

Die Kombination aus kreditbesicherten Forderungen und kurzen Rückzahlungsfristen macht die Handelsinvestitionen von Artis zu einer praktikablen Alternative zu kurzfristigen Bankeinlagen. Diese Mischung aus kurzen Laufzeiten und geringerem Risiko ist ein Erfolgsrezept für hohe und stabile Gewinne.

Die Laufzeiten werden von der Nachfrage auf dem Weltmarkt und dem Wettbewerb beeinflusst. Bei Produkten mit hoher Nachfrage wie Mobiltelefonen sind die Laufzeiten in der Regel kürzer, da sich die finanzierten Unternehmen in der Wachstumsphase befinden. Umgekehrt haben Industrieprodukte wie Pumpen längere Laufzeiten. Unternehmen, die neue Märkte erschließen, streben möglicherweise längere Laufzeiten an, um eine Dynamik aufzubauen, oder sie bieten ihren Käufern flexiblere Zahlungsbedingungen an, die es ihnen ermöglichen, die Produkte aus den Verkaufserlösen und nicht aus ihren Rücklagen zu bezahlen.

Dieses Kapitel hat gezeigt, dass die Handelsfinanzierung viele Möglichkeiten bietet, mit den richtigen Methoden, Mitteln und Instrumenten Gewinne zu erzielen. Die Rentabilität und die Höhe der Gewinne hängen jedoch von der individuellen Gestaltung der einzelnen Transaktionen ab. Vorsicht ist der Schlüssel. Apropos Vorsicht: Die Handelsfinanzierung hat auch ihre Schattenseiten und es gibt und gab schon immer zwielichtige Akteure in dieser Branche. Das ist das Thema des nächsten Kapitels.

KAPITEL 4

VON ZOCKERN, GAUNERN UND SPIONEN: DIE DUNKLE SEITE DER HANDELSFINANZIERUNG

Da Finanzkrisen im Laufe der Jahre immer wieder ausbrechen, ist jede Anlageklasse mit Kontroversen, Klatsch und brisanten Geschichten verbunden. Manche Menschen in der Politik, der Regierung und der Öffentlichkeit denken schlecht über die Handelsfinanzierung, weil sie sie mit Geldwäsche und finanziellen Betrügereien in Verbindung bringen. Diese Verallgemeinerung ist falsch. Aber man muss sich genauer ansehen, was in der Vergangenheit schiefgelaufen ist. Werfen wir einen Blick auf die dunkle Seite der Handelsfinanzierungsbranche.

Finanzanalytisch orientierte Investoren entdecken die Handelsfinanzierung als eine finanziell attraktive und geschützte Anlageklasse, welche die Mittel zur Deckung der wachsenden Nachfrage nach der Finanzierung von Handelsgeschäften bereitstellt. Die Finanzierung von Handelsgeschäften geht idealerweise mit sozialer Verantwortung einher. Die Regulierungsbehörden sind der Ansicht, dass die Finanzierung des internationalen Handels auch Geldwäscher und andere Finanzstraftäter anzieht. Eine solche Verallgemeinerung lässt sich leicht auf jedes Café, jede

Textilreinigung, jede Bäckerei und jeden Vergnügungspark anwenden – eigentlich auf jeden Ort, an dem Produkte oder Dienstleistungen gegen Bargeld getauscht werden (das heißt, an dem eine Vielzahl an Transaktionen für kleine Geldbeträge durchgeführt werden). Die gleichen Vorsichtsmaßnahmen, die Banken zu ihrem Schutz anwenden, können auch Investmentfirmen einsetzen.

Der Fall der britischen Handelsbanken ist ein gutes Beispiel dafür, was geschehen kann, wenn Handelsfinanzierer es versäumen, das Risiko angemessen zu mindern, und es daher auf die harte Tour lernen müssen – durch finanzielle oder gar existenzielle Verluste. Ein besonders schockierender Fall war der Untergang eines renommierten Namens: Barings.

Der tiefe Fall der Barings Bank

Die Barings Bank wurde 1762 von Francis Baring gegründet, einem in Großbritannien geborenen Mitglied der deutsch-britischen Kaufmanns- und Bankiersfamilie Baring. Ihr Zusammenbruch im Jahr 1995, nachdem der Händler Nick Leeson zur Leitung der Niederlassung in Singapur befördert worden war, erschütterte die Finanzwelt.

Leeson trat 1989 in die Abwicklungsabteilung der Barings Bank in London ein, nachdem er in Japan die Kunst des Handels mit Futures (Terminkontrakte zum Kauf oder Verkauf einer Ware zu einem bestimmten Preis und Datum in der Zukunft) erlernt hatte.

Zu dieser Zeit war die Barings Bank eine der etabliertesten und angesehensten Banken der Welt. Leeson war vor allem mit Vermögenswerten wie Rohstoffen, Edelmetallen, Aktien und Anleihen beschäftigt. Er war hervorragend in seinem Job und kletterte innerhalb der Bank schnell die Karriereleiter hinauf. Er brachte der Bank scheinbar Geld ein, und seine Vorgesetzten mochten diesen sympathischen und zielstrebigen jungen Mann. Mit 28 Jahren wurde er zum Leiter des Büros der Barings Bank in Singapur befördert.

Leeson führte Transaktionen über die Singapore Exchange aus und wickelte sie ab, aber er investierte nicht in Handelsgeschäfte, sondern wettete lediglich mit Hilfe von Derivaten auf Branchen und Geschäfte, die potenziell profitabel sein würden. Für die Bank schien sich das auszuzahlen, denn seine Transaktionen machten zunächst fast 10 Millionen Pfund oder 10 Prozent des Jahresgewinns aus.

Als Leiter der Niederlassung in Singapur und gemäß seinen Anweisungen hätte Leeson seine Positionen stets rechtzeitig glattstellen und die Anlageportfolios verwalten müssen, ohne auf das Eigenkapital seiner Bank zurückzugreifen. Kapital, das bei einem Handelsgeschäft gewonnen oder verloren wurde, hätte eigentlich ausschließlich dem Konto des Kunden zugerechnet werden dürfen. Dabei hätte die Bank unabhängig vom wirtschaftlichen Ergebnis lediglich eine Maklergebühr als Ausgleich für die Vermittlung des Handels erhalten dürfen.

Leeson – der später behauptete, er habe sich gelangweilt – begann, das Eigenkapital der Bank für seine Marktwetten zu verwenden. Und immer wieder arbeitete der Markt gegen ihn. Seine Lage wurde immer verzweifelter, und jeden Tag bestand seine Investitionsmotivation darin, den Verlust des Vortages wieder wettzumachen – mit der rücksichtslosen Double-up-Strategie, die darin besteht, das Risiko jedes Mal zu verdoppeln, wenn sich der Preis in die falsche Richtung bewegt. Ein solches Vorgehen passt eher nach Las Vegas, wo es »Martingale« genannt wird: Der Einsatz beim Roulette wird im Verlustfall verdoppelt – immer in der Hoffnung auf den einen großen Gewinn, der alle vorigen Verluste wettmacht. Der Haken an dieser Strategie ist, dass man verliert, wenn einem das Geld ausgeht. Genau das ist Leeson passiert.

Während all dies geschah, vertrauten seine Arbeitgeber Leeson immer noch, weil sie nicht wussten, was er im Schilde führte. Er schien ja nach wie vor einen bedeutenden positiven finanziellen Einfluss auf den Gewinn und das Ansehen der Bank auf dem Markt zu haben. Man hätte ihm nicht die Verantwortung für die Überprüfung seiner eigenen Geschäfte überlassen sollen. Stattdessen hätte die Bank ihn beaufsichtigen und ihm raten sollen, seine riskanten Investitionen abzusichern.

Leeson versteckte seine schlechten Handelsgeschäfte auf einem erfundenen Konto, das als »Konto 88888« bekannt wurde. Auf diesem Konto wurden alle Geschäfte und Verluste verbucht, die Leeson mit

Bankkapital finanzierte. Er versteckte es sorgfältig vor der Barings-Zentrale in London. 1993 fehlten Leeson über 23 Millionen Pfund; ein Jahr später beliefen sich seine nicht deklarierten und nicht verbuchten Verluste auf 208 Millionen Pfund.

Am 16. Januar 1995 versuchte Leeson verzweifelt, das verlorene Geld zurückzugewinnen. Er beschloss, an diesem Tag ein »sicheres« Blatt zu spielen. In der Erwartung, dass die Märkte und damit auch seine Optionen über Nacht stabil bleiben würden, beschloss er, die Aktienmärkte von Singapur und Tokio zu »straddeln«.

Diese Strategie wird eingesetzt, wenn der Händler davon ausgeht, dass sich der zugrunde liegende Vermögenswert während der Laufzeit der Optionskontrakte nicht wesentlich nach oben oder unten bewegen wird. Der maximale Gewinn ist der Betrag der Prämie, die durch das Schreiben von Optionen eingenommen wird, aber der Verlust kann unbegrenzt sein, so dass es sich in der Regel um eine Strategie für fortgeschrittene Händler handelt. Der riskante Schritt würde es Leeson ermöglichen, eine kleine Anzahl von Verlusten auszugleichen, die er reinvestieren könnte. Damit könnte er erhebliche Geldbeträge zurückgewinnen.

An diesem Abend war seine Position am Markt konservativ und der Aktienmarkt blieb stabil, aber über Nacht erschütterte das große Hanshin-Awaji-Erdbeben Japan und ließ die asiatischen Märkte zusammenbrechen. Das große Beben traf den Großraum Osaka-Kōbe (Hanshin) im Westen Japans. Angesichts der sich ausweitenden Verluste versuchte Leeson nun, seine Trading-Fehler auszugleichen, indem er in eine Reihe immer riskanterer Geschäfte investierte, die auf die Erholung des Marktes in Singapur setzten. Aber auch diese Börsengeschäfte zahlten sich nicht aus. Da er nun unvermeidlich auffliegen würde, floh Leeson mit seiner Frau nach Kuala Lumpur.

Die Sachbearbeiter von Barings leiteten eine Untersuchung seiner Aktivitäten ein und entdeckten das Konto 88888 mit Verlusten in Höhe von 827 Millionen Pfund, für die Barings in vollem Umfang haften musste und die das Doppelte des verfügbaren Eigenkapitals der Bank ausmachten.

Es gab keine Möglichkeit, die Bank zu retten, und nachdem ein verzweifelter Rettungsversuch gescheitert war, hörte die Barings Bank am

26. Februar 1995 auf zu existieren, 233 Jahre nach ihrem ersten Handelsgeschäft. Am selben Tag wurde Leeson in Deutschland verhaftet und wegen Betrugs, Täuschung seiner Vorgesetzten sowie unsachgemäßer Verwendung von Bankmitteln angeklagt.

Lektionen aus dem Fall Leeson

Die Lehre, die der Welthandel aus der Katastrophe gezogen hat, lautet, dass kein Mensch für die Kontrolle und Genehmigung seiner eigenen Handelsgeschäfte verantwortlich sein sollte, ja, sie dürfen dem Betreffenden noch nicht einmal erlaubt sein. In jeder Branche müssen Kontrollen und Gegenkontrollen in das System eingebaut sein, um die Weltwirtschaft und die Wertpapierfirmen gleichermaßen zu schützen.

Da sich Handelsfinanzierungsvereinbarungen über Kontinente, Zeitzonen und Kulturräume erstrecken, ganz zu schweigen von der Komplexität der Dokumentation, der Logistik und der Einhaltung von Vorschriften, geht es bei den täglichen Handelsrisiken und Problemen, auf die zu achten ist, oft um weitaus weniger offensichtliche Betrügereien als etwa Spionage oder kriminelle Absichten.

Betrug im Zusammenhang mit Handelsfinanzierung ist der absichtliche Missbrauch einer Finanzierung von Handelsgeschäften für ungesetzliche oder unethische Zwecke. Das beabsichtigte Ergebnis ist Täuschung, die auf vielfältige Weise erfolgen kann.

Geldwäsche

Geldwäsche ist zu einem ständigen Problem geworden – und das nicht nur im Handel. Geldwäsche liegt vor, wenn Vereinbarungen getroffen werden, um die Herkunft von Geldern zu verschleiern.

Die Global Trade Review (www.gtreview.com) stellte in einem Artikel im August 2020 fest: »Internationale Handelsnetze können Kriminelle anziehen, die die vernetzten Lieferketten ausnutzen, um illegale Gelder durch das formale Finanzsystem zu schleusen, eine Praxis, die als ›handelsbasierte Geldwäsche‹ bekannt ist.« Kriminelle Machenschaften haben auch im Handelsfinanzierungssektor überhandgenommen, was zu langwierigen und zunehmend kostspieligen Verfahren führt.

Auch Importeure und Exporteure können Opfer sein. Nehmen wir an, ein Unternehmen oder eine Einzelperson mit Sitz in einem Land namens Atlantik Europa (dem fiktiven Land in Dang Kou Zhi [1847], einer der Fortsetzungen von Shui Hu Zhuan [Die Räuber vom Liang-Schan-Moor], einem frühen chinesischen Roman) sitzt auf Bargeld, das durch den Verkauf illegaler oder sanktionierter Produkte oder durch Verkäufe an Sanktionsländer eingenommen wurde. Um die Gelder wieder in den Wirtschaftskreislauf zu bringen und sie zu legitimieren, investieren die Fondseigentümer in eine Handelsfinanzierungsvereinbarung.

Sobald die Rechnung beglichen ist, ist das Geld wieder sauber. Kriminelle Organisationen und Syndikate besitzen heute in den meisten Ländern bedeutende Industrieanlagen und Immobilienkomplexe. Sie geben sich große Mühe, als legale KMU aufzutreten. Den globalen Aufsichtsbehörden fällt es schwer, zwischen den Fonds und den Eigentümern zu unterscheiden. Vorschriften sind zwar für die organisierte Wirtschaft unerlässlich, aber eine Überregulierung erstickt sie im Keim.

Identitätsbetrug

Identitätsbetrug bedeutet, dass die Beteiligten ihre Identität verschleiern, und das geht oft mit Geldwäsche einher. Natürlich ist nicht alles, was nicht offengelegt wird, gleich Betrug. Es kann viele Gründe dafür geben, dass begünstigte Personen ihre diversen Transaktionen, Verträge oder Fakten nicht offenlegen wollen. Der stichhaltigste Grund ist persönliche Diskretion, also die Einstellung: »Das geht niemanden etwas an«, für die ich persönlich sehr stark eintrete.

Auf der weniger ruhmvollen Seite im Spektrum des Identitätsbetrugs stehen selbstverschuldete Bankrotte, eine Serie erfolgloser Bankgeschäfte und Unternehmensgründungen sowie schlechte Bonitätsratings. Das ist die dunkle Seite des (Handels-)Mondes.

Die FATF, die 1989 von den G7-Staaten gegründete Financial Action Task Force mit Sitz in Paris, ist ein globales Gremium, das Standards festlegt und mit den Finanzermittlungsstellen auf der ganzen Welt zusammenarbeitet, um den legalen Handels- und Finanzsektor von Geldwäsche und Betrugsversuchen zu befreien. Die FATF arbeitet mit Europol, der Strafverfolgungsbehörde der Europäischen Union, zusammen.

Ein Erfolg von FATF und Europol war die Zerschlagung eines multinationalen Geldwäschenetzwerks im Jahr 2020. Die Behörden fanden heraus, dass ein Netzwerk, das mit Autoteilen handelte, Geld für lokale Drogenhändler und Steuerhinterzieher wusch. Ergänzt wurden die kriminellen Aktivitäten durch gefälschte Kauf- und Verkaufspapiere, um die Herkunft der Gelder zu verschleiern, und durch bestätigte Verbindungen zur Mafia. Durch die Vermischung der illegalen mit der legalen Handelstätigkeit wollte das korrupte Unternehmen der Entdeckung entgehen und seine kriminellen Aktivitäten unter dem Deckmantel legaler Transaktionen verbergen.

Scheingeschäfte

Scheingeschäfte tauchen in den offiziellen Geschäfts- und Finanzunterlagen eines Unternehmens auf, finden aber im wirklichen Geschäftsleben gar nicht statt. Unterlagen zu fälschen, um die Genehmigung für Handelsfinanzierungsvereinbarungen zu erhalten, ist weitverbreitet. Die Blockchain-Technologie bietet eine mögliche Abhilfe.

Zu den gefälschten Unterlagen gehören gefälschte Rechnungen, falsche Akkreditive und Bankgarantien sowie gut imitierte, aber eben falsche Kontoauszüge und Bilanzen. Es ist beeindruckend – und ein wenig beunruhigend – zu sehen, was mit einem Qualitätsfarbdrucker alles erstellt werden kann.

Doppelfinanzierung – Der Teufel steckt im Detail

Von einer »Doppelfinanzierung« spricht man, wenn ein Unternehmen für dieselbe Rechnung, Ladung oder Forderung eine Finanzierung von mehr als einer Investmentfirma erhält. Dies hat zur Folge, dass die Geldgeber nicht für die Waren bezahlt werden, da die Importeure diese nicht erhalten.

Ein Fall von Doppelfinanzierung erschütterte die Branche Anfang 2020, als die asiatischen Märkte mit der COVID-19-Pandemie zu kämpfen hatten und die Ölpreise in den Keller gingen. Diese Kombination führte zu einer Liquiditätsverknappung.

Als die Kreditgeber versuchten, die Zahlungen einzutreiben, wurden die Lücken in den Bilanzen der Exporteure größer. Als die Crédit Agricole SA und die HSBC Holdings PLC im März 2020 eine Zahlungsgarantie für Treibstoff im Wert von 76,5 Millionen US-Dollar von einem Händler in Singapur namens Hin Leong Trading Pte. ausstellten, ahnten sie nicht, dass sie die jüngsten Opfer eines Doppelfinanzierungs-Betrugs sein würden. Während Hin Leong Trading Pte. den Treibstoff zur Absicherung des Kredits verpfändete, willigte das Unternehmen angeblich ein, dieselbe Ladung an einen anderen Händler zu verkaufen, der Akkreditive von drei Banken beantragte, unter anderem von der Crédit Agricole. Bei der Untersuchung der Angelegenheit stellte die Polizei von Singapur fest, dass der Wert der Aktiva um »einen erstaunlichen Betrag von mindestens 3 Milliarden US-Dollar« zu hoch angesetzt worden war, der sich aus 2,23 Milliarden US-Dollar an Forderungen ohne Aussicht auf Begleichung und 0,8 Milliarden US-Dollar an Fehlbeständen zusammensetzte.

Illegale Aktionen sind oft der letzte Versuch, Liquidität zu schaffen und die finanziellen Verluste eines Unternehmens zu decken. Bei der Doppelfinanzierung geht es um Kauf und Rückkauf einer Fracht.

Von einem Finanzinstitut erhaltene Gelder wurden dem Konto eines früheren Kunden gutgeschrieben, um dessen Außenstände aufzublähen. Das Ergebnis ist eine Art Schneeballsystem der Handelsfinanzierung. Der Prozess muss wiederholt werden, um das Unternehmen über Wasser zu halten – bis zum bitteren Ende. Um die Farce fortzusetzen, fälschten die betreffenden Unternehmen in großem Umfang Finanz- und Geschäftsunterlagen, um ihre Finanzierung zu erhalten. Bis Juni 2020 hatten die Aufsichtsbehörden weltweit 15 Banken und 58 Importakkreditive identifiziert, die nicht durch einen zugrunde liegenden Verkauf oder eine entsprechende Transaktion gestützt wurden. Die Schulden beliefen sich auf 3,5 Milliarden US-Dollar.

Die Praxis der doppelten Rechnungsstellung entstand in den 1980er-Jahren und ist in erster Linie auf mangelnde Sorgfalt des Kreditnehmers zurückzuführen oder aber es handelt sich um einen Insiderjob. Experten glauben tendenziell am ehesten daran, dass es sich bei der Handelskriminalität in Singapur um einen Einzelfall handelt.

Die Betrugsvorwürfe gegen mehrere Handelsunternehmen in Singapur führten zu einem Abschwung der dortigen Wirtschaft, der sich auch auf die Finanzwirtschaft in anderen Ländern weltweit auswirkte. Der Markt hat die Frage aufgeworfen, ob es sich bei diesen Skandalen um Einzelfälle handelt, die von unseriösen Händlern verursacht wurden, oder ob es ein Problem der Handelsfinanzierung oder ein Problem Singapurs ist. Künftige Wiederholungen lassen sich aber vermeiden, indem wir eine umfassende Due-Diligence-Prüfung durchführen.

Echte Produkte und »Beutegut«

Personen, die mit gestohlenen oder illegal erworbenen Waren handeln, werden als »Hehler« bezeichnet. Schweizer Luxusuhren, oft Rolex-Uhren, werden zu einem lächerlichen Bruchteil ihres wahren Preises verkauft, weil es sich dabei entweder um Nachahmungen handelt oder weil sie aus einem Diebstahl stammen – so oder so wird jemand betrogen, entweder Touristen oder internationale Juweliere. Es gehört nicht viel kaufmännischer Verstand dazu, die wahre Herkunft einer Rolex zu hinterfragen, wenn sie an einer Straßenecke für 25 Euro angeboten wird. Das gilt selbst bei einer solchen Uhr für 999 Euro, die angeblich ein Sonderangebot ist.

Die Frage nach der Echtheit ist ein wachsendes Problem für die Hersteller von Premium-Waren, da die Handelsspanne zwischen einer echten Rolex und einer Fälschung gewaltig ist. Auf bestimmten Märkten werden sogar immer noch Fake-Porsches als echte Porsches verkauft, ganz zu schweigen von den gefälschten Lacoste-Logos mit dem Krokodil sowie Hermès- und Louis-Vuitton-Handtaschen, um nur einige der offensichtlichsten Beispiele zu nennen.

Die drei kritischen Punkte, die beim Angebot von Billigwaren auftreten können, sind: schlechte Qualität, verspätete oder ausbleibende Lieferung oder beschädigte oder falsche Ware bei der Ankunft.

Der Fall Greensill

Unternehmen, die sich mit der Finanzierung von Lieferketten befassen, hatten 2021 erhebliche Probleme mit ihren Forderungen. Greensill, eine 2011 gegründete australische Investmentfirma, erlebte einen kometenhaften Aufstieg und wurde mit finanzierten Vermögenswerten in Höhe von über 160 Milliarden Euro zu einem international führenden Unternehmen im Bereich der Lieferkettenfinanzierung.

Mit Niederlassungen in London, New York, Chicago, Miami, Frankfurt und Sydney sowie Banken in Großbritannien und Deutschland betreute Greensill Firmenkunden in über 60 Ländern. Das Investmentunternehmen geriet ins Visier der Ermittler, als die deutsche Finanzaufsichtsbehörde BaFin Unregelmäßigkeiten feststellte und die Strafverfolgungsbehörden aufforderte, eine spezielle forensische Untersuchung der in Deutschland ansässigen Greensill-Bank durchzuführen.

Der Zusammenstoß mit dem Gesetz im Jahr 2021 war nicht das erste Mal, dass Greensill ins Visier der Behörden geriet. Im Mai 2020 hatte die BaFin gemeldet, dass mehrere Kunden von Greensill im Zuge von Firmenzusammenbrüchen in großem Maßstab und infolge von Bilanzskandalen ausgefallen waren, wie die *Financial Times* berichtet hatte. Im Jahr 2020 stützte sich Greensill stillschweigend auf seine Versicherer, um die Verluste zu decken, und hoffte, dass die Branche dies nicht bemerken würde.

Um die Größenordnung zu veranschaulichen: Die *Financial Times* berichtete, dass Investmentfonds mit fast 120 Millionen Dollar in den in Schwierigkeiten geratenen Firmen engagiert waren, darunter Firmen wie Agritrade, ein weiterer in Singapur ansässiger Rohstoffhändler, und BrightHouse, das britische Unternehmen für Dienste rund um den Mietkauf und Bargeldverleih.

Die BaFin sowie die britische Finanzaufsichtsbehörde FCA (Financial Conduct Authority) und das Serious Fraud Office (SFO) prüften die Finanzunterlagen von Greensill und legten dabei besonderes Augenmerk auf das Konto von einem der größten Kreditnehmer, den im Vereinigten Königreich ansässigen und sich in indischem Besitz befindlichen Konglomerat GFG Alliance, einem namhaften Eigentümer von britischen Stahlunternehmen: »Eine der schwerwiegendsten Erkenntnisse der BaFin-Untersuchung war, dass die Bank Forderungen für Transaktionen verbucht hatte, die noch nicht stattgefunden hatten, die aber so ausgewiesen wurden, als hätten sie stattgefunden«, berichtete *Bloomberg* unter Berufung auf Personen, die mit der Angelegenheit vertraut waren. Die fragwürdigen Forderungen standen im Zusammenhang mit Unternehmen, die mit dem britischen Industriellen Sanjeev Gupta verbunden sind, einem wichtigen Kunden von Greensill Capital.

Während die Untersuchung im Gange war, zog der wichtigste Versicherer, der Greensill insgesamt versichert hatte, nicht aber die einzelnen Forderungen, die es mit Rabatt verkauft hatte, seine beiden wichtigsten Verträge zurück. Ohne diesen umfassenden Versicherungsschutz war Greensill nicht mehr in der Lage, seine Tätigkeit fortzusetzen, und stellte einen Insolvenzantrag. Aufgrund der strafrechtlichen Anschuldigungen wegen gefälschter Forderungen und einer noch immer andauernden Untersuchung durch das britische Serious Fraud Office war kein anderes Finanzinstitut bereit oder auch nur daran interessiert, das Risiko zu übernehmen, das mit dem Schutz einer potenziell produkt- oder warenlosen Forderung verbunden war.

In den USA stellte sich heraus, dass Greensill Kredite an KMU auf der Grundlage potenzieller Unternehmensverkäufe in der Zukunft und nicht auf der Grundlage früherer Transaktionen vergab, was das Risiko erhöhte und sich als unverantwortlicher Ansatz für die Finanzierung internationaler Märkte und gutgläubiger Investoren interpretieren ließ.

Greensills Verlust des Versicherungsschutzes löste eine Welle von Zahlungsausfällen bei Greensill-Kreditnehmern aus. Das führte zum Verlust von mehr als 50 000 Arbeitsplätzen weltweit. Der Zusammenbruch des Unternehmens erfolgte schnell und endgültig, weil die Verwalter danach trachteten, seine Vermögenswerte zu liquidieren. Greensill versuchte, die Finanzierungsgesellschaft an eine andere Investmentgesellschaft zu verkaufen, um seine Verluste zu verringern. Die *Financial Times* berichtete, dass die BaFin außerdem Strafanzeige gegen die Führungsebene der Greensill-Bank in Deutschland wegen des Verdachts der Bilanzmanipulation stellte: der letzte Nagel im sprichwörtlichen Sarg.

Vergleich und Anlegerentschädigung durch die UBS im August 2024

Die Nachwirkungen des Zusammenbruchs von Greensill dauern an. Im Jahr 2023 spielte sich in der Folge ein weiteres Drama ab: Die Crédit Suisse, eine 1856 gegründete Schweizer Großbank, wurde 2023 durch einen dramatischen Verkauf an ihre Konkurrentin UBS veräußert. Eine 167-jährige Tradition war damit zu Ende.

Im Sommer 2023 beschloss die UBS, die erheblichen Verluste im Zusammenhang mit den Lieferketten-Finanzierungsfonds der Crédit Suisse auszugleichen. Die Greensill-Fonds, die einst als heller Stern am Himmel der sicheren Anlagen gepriesen wurden, hinterließen bei rund 1200 Anlegern Unsicherheiten, als die unorthodoxen Finanzierungspraktiken von Greensill Capital ans Licht kamen und sich herausstellte, dass Greensill Finanzierungen weit über die deklarierten Beträge hinaus vergeben hatte, was letztlich zum Verlust von Vermögenswerten in Höhe von 10 Milliarden US-Dollar führte.

Im Zusammenhang mit dem Skandal um Greensill Capital wurden mehrere Klagen gegen die UBS und die Schweizer Regierung eingereicht. Zu den Parteien gehören Gläubiger von Greensill Capital, darunter große institutionelle Anleger, die Insolvenzverwalter von Greensill Capital, die Ansprüche im Zusammenhang mit dem Konkurs geltend machen, Aufsichtsbehörden und staatliche Stellen wegen Compliance- und Regulierungsfragen und schließlich Anleger und Kunden, die durch den Zusammenbruch von Greensill Capital Verluste erlitten haben.

Um das Vertrauen der Anleger wiederherzustellen und dieses niederschmetternde Kapitel abzuschließen, hat die UBS, die mit der Übernahme der Crédit Suisse auch die angeschlagenen Fonds übernommen hatte, im Sommer 2024 angeboten, die betroffenen Fondsanteile zu 90 Prozent ihres ursprünglichen Wertes per 25. Februar 2021 zurückzukaufen. Dieses Angebot lieferte den Anlegern die seltene Gelegenheit, den größten Teil ihrer Investitionen zurückzuerhalten.

Das 90-Prozent-Erstattungsangebot der UBS ist höchstwahrscheinlich auf Erwägungen hinsichtlich der Reputation, der Gesetze und möglicherweise auch der Schweizer Politik zurückzuführen, steht aber auch im Einklang mit der allgemeinen historischen Entwicklung der Handelsfinanzierung als Anlageklasse. Handelsfinanzierungen weisen durchweg niedrige Ausfallraten auf, die oft auf unter 1 Prozent beziffert werden. Laut dem jährlichen Handelsregister der Internationalen Handelskammer (ICC) liegen die Ausfallquoten für handelsbezogene Finanzprodukte, einschließlich Akkreditiven und Lieferkettenfinanzierung, bei weniger als 0,25 Prozent! Diese Widerstandsfähigkeit beruht darauf, dass Handelsgeschäfte typischerweise kurzfristig und kostendeckend ausgerichtet und zudem durch Sachwerte und Dienstleistungen unterlegt sind.

Lektionen aus dem Fall Greensill

Der Zusammenbruch von Greensill Capital bietet tiefgreifende Lehren für die Handelsfinanzierungsbranche und ihre Investoren:

- **Due-Diligence-Prüfung und Risikoeinschätzung sind von größter Bedeutung.** Ein strenger Bewertungsprozess ist für den Erfolg bei der Handelsfinanzierung unerlässlich. Dies bedeutet, dass eine gründliche Due-Diligence-Prüfung von Finanzprodukten, beteiligten Geschäftspartnern und zugrunde liegenden Vermögenswerten durchgeführt werden muss. Die Risiken müssen in jeder Phase der Transaktion eingeschätzt, beobachtet und gesteuert werden – und das gilt nicht nur für diejenigen, die mit komplexen Finanzstrukturen oder Hebelwirkung verbunden sind.

- **Sorgen Sie für Transparenz.** Transparenz in der Finanzberichterstattung und bei den Mechanismen der Instrumente zur Handelsfinanzierung sind nicht verhandelbar. Bei Artis haben wir in ein maßgeschneidertes Risikomanagementsystem investiert, das allen Beteiligten täglich Einblick in jeden Aspekt einer Transaktion gewährt. Ebenso wichtig ist es, die Komplexität des Produkts zu verstehen: Die zugrunde liegende Transaktion und ihren Finanzierungsmechanismus vollständig zu begreifen, ist entscheidend für die Risikominderung.

- **Die Einhaltung von Vorschriften ist unerlässlich.** Die Einhaltung strenger staatlicher Vorschriften und Branchenstandards ist von grundlegender Bedeutung, um Missmanagement und Betrug zu verhindern. Über Änderungen der Regulierungen informiert zu sein, gewährleistet die kontinuierliche Einhaltung der Vorschriften und macht die Firmen zu Spitzenreitern beim Geschäftsgebaren.

- **Überprüfung der Kreditwürdigkeit und der Qualität der Vermögenswerte.** Die Qualität und Echtheit der finanzierten Vermögenswerte müssen streng geprüft werden. Eine gründliche Bonitätsanalyse von Kreditnehmern und Vermittlern ist von entscheidender Bedeutung, um zu vermeiden, dass man sich zu sehr auf überhöhte Kreditratings verlässt.

- **Minderung des Kontrahentenrisikos.** Diversifizierung ist entscheidend, um eine übermäßige Risikokonzentration bei einem einzigen Geschäftspartner oder einem einzigen Produkt zu vermeiden. Die Beobachtung der finanziellen Gesundheit und Stabilität der Geschäftspartner hilft, ein ausgewogenes Risikoprofil zu erhalten.

- **Stärkung der internen Kontrollen und der Governance.** Robuste Governance-Strukturen und interne Kontrollen sind für die Beobachtung von Handelsfinanzierungsaktivitäten unerlässlich. Bei Artis führen wir vierteljährliche Überprüfungen durch, die in unser jährliches Audit einfließen und sicherstellen, dass wir uns an bewährte Verfahren halten und proaktiv diejenigen Bereiche mit Verbesserungspotenzial identifizieren.

- **Förderung von Kommunikation und Aufklärung.** Es ist von entscheidender Bedeutung, die Beteiligten über die Komplexität und die Risiken der Handelsfinanzierung aufzuklären. Bei Artis bieten wir über unsere Website freien Zugang zu unseren Veröffentlichungen, um Transparenz und fundierte Entscheidungen zu fördern. Klare Kommunikationskanäle zwischen Anlegern, Finanzierungspartnern und Regulierungsbehörden stärken das Vertrauen und die Klarheit der Betriebsabläufe.

Mit Klarheit durch die Komplexität der Handelsfinanzierung navigieren

Nach dem Zusammenbruch von Greensill ist der Handelsfinanzierungssektor einer intensiven Prüfung unterzogen worden. Die Anleger sind nun vorsichtiger und suchen nach Unternehmen, die gesicherte Renditen versprechen und sich durchgängig für Transparenz und Risikomanagement einsetzen.

Bei Artis basiert unser Ansatz zur Handelsfinanzierung auf einer Philosophie der Transparenz und strengen Beaufsichtigung. Wir konzentrieren uns ausschließlich auf die Finanzierung echter, rechtsverbindlicher Transaktionen – nicht auf spekulative Geschäfte. Dadurch wird sichergestellt, dass jedes Geschäft, das wir abschließen, mit Sachwerten oder Dienstleistungen unterlegt ist, was das Ausfallrisiko merklich verringert.

Unsere Strategie für das Risikomanagement ist umfassend und robust. Jede von uns finanzierte Forderung aus Lieferungen und Leistungen ist durch eine Kreditversicherung von Versicherern mit einem Investment-Grade-Rating wie Allianz Trade oder CESCE abgesichert;

Letzteres befindet sich im Eigentum der spanischen Regierung. Diese Regelung verleiht unseren Geschäften eine Steigerung der Anlagequalität und bietet ein kritisches Sicherheitsnetz, das bis zu 100 Prozent der potenziellen Verluste abdeckt.

Der Untergang von Greensill hat die Gefahren der Intransparenz und des unkontrollierten Ehrgeizes in der Handelsfinanzierung deutlich gemacht. In diesem komplexen Sektor ist es von entscheidender Bedeutung, die Skalierbarkeit zu gewährleisten, ohne die finanzielle und betriebswirtschaftliche Integrität zu gefährden. Wir bei Artis halten an diesen Grundsätzen fest und sorgen dafür, dass unsere Geschäfte rentabel sind und auf einem Fundament aus Vertrauen und solider Unternehmensführung aufbauen.

Die Beteiligung von Banken

Im Jahr 2021 gingen die Warnlichter an, als es um Milliardensummen an Darlehen aus dem Paycheck Protection Program (PPP) ging, die augenscheinlich zu Unrecht gewährt worden waren. Beim PPP handelt es sich um ein Unternehmenskreditprogramm in den USA, das 2020 von der Regierung Trump eingerichtet wurde, um Unternehmen dabei behilflich zu sein, die Gehälter ihrer Angestellten während der Corona-Pandemie weiter zu zahlen. Bis April 2021 hatte das US-Justizministerium Strafanzeige gegen 209 Personen in 119 Fällen im Zusammenhang mit dem PPP gestellt. In den Strafanzeigen des Justizministeriums wird behauptet, dass ein Mitarbeiter der US-Behörde Small Business Administration (SBA) Bestechungsgelder angenommen habe, um betrügerische Notfallkredite zu vergeben.

Zusätzlich zur Bestechung von Banken könnten kriminelle Unternehmen auch versuchen, Handelsfinanzierungsfirmen direkt dazu zu bewegen, Geld für kriminelle Aktivitäten bereitzustellen, wenn sie sich bereit erklären, ein Auge zuzudrücken. Da die Aufsichtsbehörden jedoch verstärkt kontrollieren, kommen solche Vorfälle seltener vor. Während Handelsfinanzierung stärker reguliert wird, steigen folglich die Gesamtkosten pro Transaktion.

Zahlungsausfälle

Zu einem Zahlungsausfall kann es aus einer Vielzahl von Gründen kommen, zum Beispiel weil der Käufer nicht über die erforderlichen Mittel verfügt oder weil er gar nicht die Absicht hat, seine Rechnungen zu begleichen. Zahlungsausfälle können auch auftreten, wenn KMU in größere Märkte eintreten, in denen mehr Wettbewerber die gleichen Produkte zu niedrigeren Preisen anbieten. Aufstrebende KMU müssen unter Umständen ihre Preise senken, wodurch ihre Gewinnspannen sinken und sie über weniger Liquidität verfügen, um ihre Rechnungen zu begleichen – mit anderen Worten: Sie wollen um jeden Preis Marktanteile hinzugewinnen. Auch wenn es sich dabei nicht immer um direkten Betrug handelt, besteht hier ein inhärentes Betrugsrisiko.

Die Artis-Strategie zur Vermeidung von Betrug und unlauteren Praktiken

Bei der Auswahl von Märkten, Sektoren, Geschäftspartnern und Anlagemöglichkeiten ist äußerste Sorgfalt geboten. Die Ziele sind einfach: Risikominimierung und verstärkte Sorgfaltspflicht. Artis verfügt über eine adäquate Governance, die die Einhaltung dieser Grundsätze gewährleistet.

Interne Prozesse wurden eingerichtet, um unsere Abhängigkeit von externen Risikobewertungen zu verringern. Dazu gehören eine detaillierte Bewertung, die Optimierung von Transaktionen und die doppelte Überprüfung aller Aspekte, vom persönlichen Hintergrund der oberen Führungsebene bis hin zum Netzwerk von Lieferanten, die sowohl Importeure als auch Exporteure für ihre Geschäfte nutzen.

Eine eingehende Beurteilung des Kunden erfordert vom Kreditnehmer volle Transparenz bei seinen Geschäften. Artis möchte wissen, ob und wie die einzelne Transaktion einen Mehrwert schafft. Akteure, die keinen Mehrwert für die Produktkette schaffen, sind oft ein Warnsignal und sollten vermieden werden.

Spielregeln, die wir mögen

1. Es ist unbedingt nötig, mit der Person zu sprechen, die das Produkt bezahlt. Das mag zwar viele vermeintliche Chancen zunichtemachen, spart aber viel Zeit, Geld und Nerven. Es beseitigt von vornherein einen Großteil der Ungewissheiten, insbesondere bei Geschäften, die nur in der Vorstellung eines Vermittlers und ohne kommerzielle Validierung existiert haben.

2. Erforderlich ist auch eine Überwachung der Gewinn- und Verlusttrends der beteiligten Unternehmen und der Art und Weise, wie sie sich in einem florierenden und einem schrumpfenden Markt entwickeln.

Unternehmen, die Informationen, Aufzeichnungen oder Hintergründe zurückhalten, werden nicht gefördert. Je offener ein Unternehmen persönliche und geschäftliche Informationen mit Artis teilt, desto leichter erreicht es die nächste Stufe der Verifizierung.

Optimierung von Transaktionen und Handelsgeschäften

Wir gestalten unsere Verträge unter dem Aspekt der Risikominderung. Die Risikominimierung führt zu der Entscheidung, ob ein Kreditgeber eine Lieferkettenfinanzierung verlangt oder ob er lieber das Factoring wählt. In dieser Phase entscheiden wir auf Zahlung vor dem Versand oder bieten dem KMU Kauf gegen Rechnung, also einen Kauf auf Kredit an. Durch die Optimierung des Handels von Fall zu Fall profitieren die Investoren von einem höheren Ausmaß an Kontrolle, einem geringeren Risiko und von vorhersehbaren Erträgen.

Zu den anderen Methoden zur Optimierung und Überprüfung eines Geschäfts außerhalb der inhärenten Geschäftsstruktur gehört die physische Inspektion der Sicherheiten für das jeweilige Geschäft. Es gibt viele gute Inspektionsunternehmen, die bei diesem Prozess helfen, so dass Sie nicht jedes Lager selbst besuchen müssen.

Ein optimierter Handel führt zu einer angemessenen Laufzeit und zufriedenstellenden Zahlungsbedingungen für alle Parteien.

Der Importeur hat somit genügend Zeit, die Ware zu bezahlen und von einem besseren Liquiditätsmanagement zu profitieren, und die Exporteure verfügen über die Mittel vor dem Versand, um einen reibungslosen Warentransport zu ermöglichen. Ein optimierter Handel ist also ein Handel, der die Investition wert ist.

Die Inspektion

In einem nächsten Schritt werden alle Unterlagen und etwaige Bestätigungen Dritter geprüft. Probleme, die in der ersten Überprüfungsphase vielleicht übersehen worden sind, lassen sich möglicherweise durch sorgfältiges erneutes Lesen der Unterlagen und Durchkämmen des Kleingedruckten finden.

Zu den weiteren Prüfschritten, die wir durchführen, gehört die Überprüfung der Unterschriften, um sicherzustellen, dass sie auf allen Dokumenten übereinstimmen. Eine persönliche Unterschrift variiert tendenziell mit jedem Federstrich leicht. Die Überprüfungsmechanismen müssen auf dem neuesten Stand der Technik sein, um selbst kleine Details zu erkennen.

Die gesetzliche Due-Diligence-Prüfung ist ein Muss und wird durchgeführt, bevor irgendein Vertrag unterzeichnet wird oder irgendwelche Gelder ausgezahlt werden.

Sobald die Finanzierung angelaufen ist, werden in regelmäßigen Abständen weitere Prüfungen durchgeführt. Durch regelmäßige Prüfungen der Konten werden Zahlungsverzögerungen frühzeitig erkannt. Ein Geschäft, das vor drei Monaten genehmigt wurde, ist möglicherweise erst in zwei Monaten zur Zahlung fällig; in insgesamt fünf Monaten kann aber viel passieren. Die regelmäßige Prüfung unserer Assets verhindert das Risiko einer Doppelfinanzierung, bei der das Unternehmen größere Rechnungen nicht bezahlen oder die versprochenen Waren nicht liefern kann.

Rechtzeitiges Mahnen

Bei Zahlungsverzögerungen gehen wir genauso methodisch vor wie bei unserer Due-Diligence-Prüfung. Handelsfinanzierungsgesellschaften sind dazu da, ihre Kunden in schwierigen Momenten zu unterstützen. Dies liegt im Interesse aller Beteiligten, vor allem nach einer umfassenden rechtlichen und betrieblichen Prüfung.

Der Einzug unserer Rechnungen beginnt mit einer Zahlungsaufforderung 15 Tage vor Fälligkeit, so dass dem Käufer genügend Zeit bleibt, eine Liquiditätsplanung vorzunehmen.

Wenn die Zahlung nicht bis zum Fälligkeitsdatum eingegangen ist, wird Artis sich erneut mit einer Mahnung melden. Im Falle von Factoring erinnert Artis den Kreditnehmer daran, dass es Eigentümer der Waren ist, und fordert die Waren zurück. Bleiben Zahlungserinnerungen unbeantwortet, wird Artis andere Mittel einsetzen, um die Aufmerksamkeit der Kreditnehmer zu erlangen und die Zahlung zu beschleunigen.

Eine einzige Transaktion kann sich aus mehreren kleinen Rechnungen zusammensetzen. Rechnungen, deren Zahlung mehr als sieben Tage überfällig ist, werden dem Haupt-Kreditbüro gemeldet. Dies kann dazu führen, dass der Kreditnehmer bis zur Klärung der Angelegenheit keine weitere Finanzierung erhält.

Es wird ein Antrag bei der Kreditversicherung gestellt, um die Zahlung von der Versicherung zu erhalten, anstatt sich auf den Kreditnehmer zu verlassen. In der letzten Phase stellt Artis die Finanzierung des Kontos ein und beantragt die Auszahlung des Gesamtbetrags der Transaktion durch die Versicherung. Unsere Versicherungen decken sowohl Betrug als auch Hafenrisiken, Lieferausfälle und andere Probleme ab.

Unser Wissen haben wir durch unsere Erfahrung im Bereich der Handelsfinanzierung und aus den Fehlern gewonnen, die andere Finanzinstitute gemacht haben. Als Nächstes werden wir uns mit den rechtlichen Sanktionen und Herausforderungen im Zusammenhang mit dem internationalen Handel befassen, die sich auf Jahre hinaus auf Investitionen auswirken können.

KAPITEL 5

DIE RISIKEN DER HANDELSFINANZIERUNG

Im vorigen Kapitel haben wir uns mit den Schattenseiten der Handelsfinanzierung befasst und die Gefahren aufgezeigt, die von skrupellosen Akteuren – Gaunern, Spionen und arglistigen Beteiligten – ausgehen, und Strategien zur Eindämmung dieser betrügerischen Praktiken dargelegt. Jetzt wenden wir uns den Risiken zu, die nichts mit Betrug zu tun haben. Zwei Hauptkategorien verdienen unsere Aufmerksamkeit: politische Risiken und Risiken, die sich aus der Unterbrechung der Lieferkette ergeben.

Das politische Handelsrisiko

Sanktionen haben in der Regel verheerende Auswirkungen auf den Handel, ein Ergebnis, das ganz klar zum Kalkül desjenigen gehört, der die Sanktionen verhängt, sei dies nun ein Staat oder eine internationale Organisation wie die Vereinten Nationen oder die EU. Politische Risiken für die Handelsbranche ergeben sich häufig aus schwelenden geopolitischen Spannungen (Naher Osten), militärischen Auseinandersetzungen (Ukraine), Menschenrechtsfragen und Kinderarbeit, um nur einige zu nennen. Politische Risiken wirken sich auf den lokalen und internationalen Handel und die Versorgung aus. Dramatische Beispiele mit katastrophalen Folgen für die Zivilbevölkerung sind die seit Langem bestehenden Sanktionen gegen Nordkorea, Syrien oder den Iran, wo das Fehlen von Bankzahlungsmöglichkeiten den grundlegenden Handel abwürgt, oft auch den mit überlebenswichtigen Produkten wie Lebensmitteln und Medikamenten. Die Sanktionen, die sich Länder gegenseitig auferlegen, stellen ein moralisches Versagen der jeweiligen Gesellschaft dar.

Handelssanktionen sind keine neue Erfindung. Für Napoleon Bonaparte war die von ihm selbst verhängte Kontinentalsperre äußerst hilfreich. Das Embargo, das britischen Schiffen die Einfahrt in kontinentaleuropäische Häfen verbot, wurde zeitlich beschränkt angewendet und endete am 11. April 1814. Da Napoleon nicht in allen kontinentaleuropäischen Ländern einen Boykott durchsetzen konnte und in Spanien und Russland ein umfangreicher Handel weiterging, marschierte er in beide Länder ein. Insgesamt fügte die Blockade Großbritannien nur geringen wirtschaftlichen Schaden zu, obwohl die britischen Exporte auf den Kontinent (als Anteil am Gesamthandel) zwischen 1802 und 1806 von 55 Prozent auf 25 Prozent sanken.

Die Rechtskraft nationaler und extraterritorialer Sanktionen könnte ein Unternehmen daran hindern, ein Akkreditiv zu erhalten oder auszustellen, Gelder einzuziehen beziehungsweise bestätigte und sogar im Voraus bezahlte Aufträge auszuführen. Eine Kreditversicherung sollte Exporteure und Investoren vor diesem Risiko schützen.

Für die meisten Märkte gibt es staatliche, private oder hybride Kreditversicherungen zu wettbewerbsfähigen Preisen. Einige bieten sogar einen Versicherungsschutz für Länder wie Afghanistan und den Iran an. Die staatliche Kreditversicherung ist der Versicherer der letzten Instanz und ein Instrument des Staates, um nationale Exporteure zu ermutigen, über ihre Komfortzone hinaus zu exportieren. Politische Risiken sind praktisch ein ständiges Problem bei internationalen Geschäften, vor allem in Schwellenmärkten, aber längst nicht nur dort.

Selbst bei detaillierten Hintergrundrecherchen und einem strengen Protokoll bei der Strukturierung und Finanzierung einer Transaktion bleiben Restrisiken bestehen, insbesondere in der Lieferkette, zum Beispiel wenn beim Händler das falsche Produkt ankommt oder wenn es Schäden aufweist.

Wir mindern diese Risiken durch Akkreditive, Bankgarantien, Warenkreditversicherungen und unser eigenes Verfahren zur Risikominderung.

Und dann gibt es immer noch den berühmt-berüchtigten »schwarzen Schwan«, das Unvorhergesehene, wie zum Beispiel einen Kreditausfall bei einem Kunden. Bei Artis gab es bisher nichts dergleichen. Versicherungen und Sicherheiten sind dazu da, das Restrisiko eines Ausfalls zu mindern. Wenn ein Kunde in Verzug gerät, wird die Kreditversicherungsgesellschaft sofort informiert und übernimmt die Abwicklung des Rückforderungsprozesses, an dem alle Parteien beteiligt sind. Eine Alternative zum Factoring einzelner Rechnungen und zur Verringerung des Risikos industrieller oder politischer Forderungen in großen Mengen ist der Verkauf eines ganzen Pakets an einen Handelsfinanzierer mit einem Abschlag.

Das Lieferkettenrisiko

Politische Risiken, die sich oft in kommerziellen Risiken oder Verlusten niederschlagen, sind nach wie vor ein Problem, wenn es um Schwellenmärkte geht. Eine Hintergrundrecherche, zahlreiche Checklisten und klar definierte Prozesse mindern zwar die Risiken, aber es gibt auch Mikrorisiken, derer man sich bewusst sein muss, insbesondere mit Blick auf die Lieferkette.

Ein typisches Lieferkettenproblem liegt vor, wenn das falsche Produkt geliefert wird oder die Ware beschädigt beim Händler ankommt. Das kann zwar allen Beteiligten wie der Weltuntergang vorkommen, aber diese Risiken werden durch Akkreditive, Handelskredite, Transportversicherungen und unser eigenes umfassendes Risikomanagementverfahren gemindert. In solchen Situationen können die Wertpapierfirmen auch Versicherungen und Sicherheiten einsetzen, um die verbleibenden Ausfallrisiken zu mindern.

Wenn Unternehmen Schwierigkeiten haben, eine Rechnung fristgerecht zu bezahlen, kann ein Handelshaus oder ein Handelsfinanzierungshaus oft flexibler und schneller agieren, um die Zahlung umzustrukturieren und einen Zahlungsausfall zu vermeiden. Banken sind oft weniger flexibel aufgrund strengerer Kreditbedingungen, unflexibler Zahlungsfristen und Sanktionslisten für mehrere Länder, die sie einhalten müssen.

Ein Zahlungsausfall bei herkömmlichen Geschäftskrediten kann schwerwiegende Folgen für das jeweilige Unternehmen haben und zu unnötigen Verlusten für die Firma, die Geschäftspartner und die Aktionäre führen. Handelsfinanzierungsunternehmen können sich durch zusätzliche Sicherheiten gegen ungeschützte Verluste wappnen.

Beispiel: Ein Einfuhrverbot von heute auf morgen als Vorwand für die ausbleibende Bezahlung

Wir haben nicht oft mit Problemen von Kunden zu tun, die mit ihren Zahlungen in Verzug geraten, aber ein Beispiel möchte ich nennen. Vor ein paar Jahren musste unser Unternehmen Arjan Capital einen Kunden aus einer üblen Kreditsituation herausführen. Es handelte sich um die ausbleibende Bezahlung einer Lieferung, die gegen Rechnung erbracht worden war. Konkret war vereinbart, dass die Lieferung der Waren zuerst erfolgt und die Zahlung später.

Ich weiß, es klingt verrückt, dass jemand einem relativ neuen Kunden ohne Sicherheiten vertraut. Das kommt einer ganzen Schar schwarzer Schwäne gleich, könnte man meinen. Aber die Schwarzer-Schwan-Ausrede gilt hier nicht, denn die Risiken waren bekannt und waren nichts Neues, es gab entsprechende Warnungen und der Exporteur akzeptierte diese Risiken ausdrücklich. Was war geschehen?

Bei dem Kunden handelte es sich um ein milliardenschweres FMCG-Unternehmen* mit umfangreicher Exporterfahrung in Grenzmärkten.

* FMCG: »Fast Moving Consumer Goods«, also schnelldrehende Waren, sprich Produkte des täglichen Bedarfs (Anm. d. Ü.)

Wir hatten hierbei eine beratende Funktion und waren auch an der Abwicklung der Transaktion beteiligt, einschließlich Logistik und Zahlung. Unsere finanzielle Obliegenheit war nur die eines Treuhänders. Wir zahlten dem Verkäufer das, was wir nach Abzug unseres Honorars vom Käufer erhielten.

Der Verkaufsleiter wollte sich diesen potenziell großen und schwer zugänglichen Markt erschließen, indem er importierte Premiumprodukte an die zahlreichen Apotheken in dieses sanktionierte Land verkaufte, dessen Marktstruktur derjenigen in Frankreich glich. Ähnliche Produkte wurden vor Ort unter internationalen Lizenzen zum halben Preis hergestellt. Zugegebenermaßen war die Qualität der vor Ort hergestellten Produkte oft schlechter als die der importierten Originalprodukte. Das besagte Land befand sich und befindet sich immer noch in einem wirtschaftlichen Schlamassel, und die Kaufentscheidung der Verbraucher wurde hauptsächlich vom Preis und nicht von der Qualität bestimmt.

Mehrere Marktanalysen bestätigten, dass die Aussichten für diesen großen und aufstrebenden Grenzmarkt vielversprechend waren. Die ersten Lieferungen wurden reibungslos abgewickelt. Es gab allerdings einige Verzögerungen aufgrund unklarer und sich ändernder Einfuhrbestimmungen der Zollbehörden und komplizierter Zahlungssituationen aufgrund von Währungskontrollen.

Der Käufer unseres Kunden war entweder nicht willens oder nicht in der Lage, ein Akkreditiv zu erstellen, weil er entweder versuchte, die Akkreditivkosten in Höhe von 1 Prozent einzusparen, oder einfach nicht über die nötigen Mittel verfügte, in der Hoffnung (man erinnere sich an den Walmart-Gründer Sam Walton), die Zahlung an den Lieferanten leisten zu können, nachdem er das Produkt verkauft und das Geld dafür eingestrichen hatte.

Wir hatten unserem Exportkunden wiederholt gesagt, er solle nur gegen Vorauszahlung oder zumindest mit einer Sicherheit – zum Beispiel einem Akkreditiv oder einer Kreditversicherung – liefern. Sogar ein Barscheck wäre hilfreich gewesen. Denn es war unklar, auf welchem Wege er notfalls die Produkte wieder beanspruchen oder das Geld eintreiben könnte, und den Rechtsweg einzuschlagen, ist ein Schritt, den internationale Unternehmen eher selten tun.

Der Verkaufsleiter des Exporteurs und seine Vorgesetzten beschlossen, dem Käufer einen ungesicherten Handelskredit in Höhe von etwa 250 000 Euro zu gewähren, was dem Wert einer durchschnittlichen Lieferung entspricht. Um die nächste Lieferung zu erhalten, musste die vorherige vollständig bezahlt sein.

Als schwarzer Schwan in dieser Situation erwies sich die Tatsache, dass die Regierung des Importeurs zur Erhaltung der Devisen und zur Bekämpfung von Inflation und Arbeitslosigkeit über Nacht beschlossen hatte, die Einfuhr von Tausenden von Fertigerzeugnissen zu verbieten, so dass unzählige Containerladungen an der Grenze strandeten oder in den Lagern verdarben. Produkte durften nur entweder zerlegt in Einzelteile, auch SKD (semi knocked-down) genannt, als Rohmaterial und Halbfabrikate, nicht aber als Fertigwaren eingeführt werden, selbst, wenn das Land sie gar nicht selbst produzierte.

Aus Gründen der Qualitätskontrolle hatte unser Kunde beschlossen, nur fertige und verpackte Waren zu liefern. Rohmaterial in loser Schüttung zu liefern und es vor Ort verpacken zu lassen, war ebenfalls keine Option. Diese Entscheidung wurde mitgeteilt, als die Sendung bereits verschickt, aber noch nicht bezahlt war, und der Importeur wusste, dass dies das Ende der Geschäftsbeziehung war.

Die Waren waren noch etwa zwei Jahre haltbar. Da die Haltbarkeitsdauer immer kürzer wurde, verloren die Waren jeden Tag an Wert. Der Rücktransport nach Europa wäre unverhältnismäßig kostspielig gewesen, so dass der Importeur die Gelegenheit witterte, dem Verkäufer einen Abschiedsrabatt abzuringen. Auf der einen Seite hatten wir einen angesehenen europäischen multinationalen Verkäufer, auf der anderen Seite einen kompetenten, aber finanziell schwachen und kleinen Importeur.

Der Käufer war der Ansicht, dass das Rechtssystem in seinem Grenzmarkt ihn als einheimisches Unternehmen schützen und den ausländischen Verkäufer abschrecken würde, und ging daher recht eigenmächtig vor.

Wir warnten den Käufer, dass der multinationale Verkäufer ihn im Falle einer Nichtzahlung in seinem Heimatland gerichtlich verfolgen würde. Nach wochenlangen Verhandlungen willigte der Verkäufer in einen sehr großzügigen Preisnachlass von 40 Prozent ein, um seine Zahlung zu erhalten und aus der Sache herauszukommen. Der angebotene Rabatt lag im niedrigen sechsstelligen Bereich.

Wir einigten uns gemeinsam auf einen Zahlungstermin und eine tägliche Vertragsstrafe mit einer Obergrenze von 60 Tagen für den Fall, dass weitere Zahlungen ausbleiben sollten. Der Käufer zahlte 85 Prozent pünktlich und stellte dann seine Zahlungen wieder ein. Wir erinnerten ihn daran, dass der multinationale Konzern die verbleibenden 15 Prozent gerichtlich einklagen würde und er ein Schiedsgerichtsverfahren riskierte, bei dem sein 40-prozentiger Rabatt außer Kraft gesetzt werden könnte. Es war vergeblich. Nach 60 weiteren Tagen ohne Zahlung und nach den erforderlichen förmlichen Mahnungen an den Käufer setzte der Verkäufer ein Schiedsverfahren in Gang, um den vollen Betrag einschließlich der vereinbarten Vertragsstrafen einzuklagen. Für den Verkäufer waren unsere Prozesskosten eine Investition mit einem potenziell hohen Gewinn, für den Käufer nur ein großer Verlust. Wir konnten die Denkweise des Käufers nicht nachvollziehen, der 40 Prozent Rabatt plus Vertragsstrafen und Prozesskosten riskierte, anstatt die restlichen 15 Prozent zu zahlen.

Wie ich bereits erwähnte, sind solche Vorfälle bei Artis selten; und in diesem Fall spielten wir nur eine beratende Rolle. Dennoch sind wir bestrebt, aus Fehlern der Vergangenheit zu lernen. Wir analysieren jeden Vorfall gründlich, weil wir davon überzeugt sind, dass Fehltritte in der Vergangenheit den Weg für zukünftige Erfolge ebnen. Im nächsten Kapitel werden wir einen genaueren Blick darauf werfen, wie wir das Risikomanagement angehen.

KAPITEL 6

DAS MANAGEMENT VON RISIKEN: GESETZLICHE ANFORDERUNGEN UND FREIWILLIGE SICHERHEITSMASSNAHMEN

Das Risikomanagement umfasst gesetzliche Verpflichtungen und freiwillige Maßnahmen, die ein Handelsfinanzierer in seinem eigenen Interesse ergreifen sollte. In diesem Kapitel werden wir beide Aspekte untersuchen. Zunächst werden wir diejenigen Vorschriften behandeln, die in erster Linie die Banken betreffen. Wie bereits erörtert, hat die wachsende Welle von regulatorischen Auflagen die Banken vor immer größere Herausforderungen gestellt, was viele dazu veranlasst hat, sich aus dem Handelsfinanzierungssektor zurückzuziehen.

Handelsfinanzierer, die keine Banken sind, unterliegen ebenfalls speziellen gesetzlichen Anforderungen, wenngleich die Regulierungsintensität hier deutlich geringer ist. Solide Maßnahmen sind unerlässlich, um Fehlverhalten und Zahlungsausfälle zu vermeiden, unabhängig davon, ob sie gesetzlich vorgeschrieben sind oder nicht. Diese Praktiken, die wir ebenfalls in diesem Kapitel behandeln, sind entscheidend für den Erfolg in diesem Geschäft. Die sorgfältige Umsetzung dieser Schutzmaßnahmen war ein Eckpfeiler unserer Erfolge.

Gesetzliche Anforderungen an die Handelsfinanzierung und das Basel-Regelwerk

Investitionen in irgendeine Anlageklasse müssen im Rahmen der lokalen Gesetze und Vorschriften erfolgen. Nach dem Brexit sieht sich die Handelsfinanzierung im Vereinigten Königreich mit einer zunehmend komplexen Regulierungslandschaft konfrontiert, die durch die jüngsten Entwicklungen des Baseler Rahmenwerks noch komplizierter geworden ist. Basel IV, das bis Januar 2030 vollständig umgesetzt werden soll, führt verfeinerte Methoden zur Einschätzung des Kreditrisikos ein, die sich erheblich auf den Handelsfinanzierungssektor auswirken. Diese Reformen zielen darauf ab, die Genauigkeit der Berechnungen der risikogewichteten Aktiva (risk-weighted assets, RWA) zu verbessern und die Finanzinstitute zu zwingen, zusätzliches Kapital für risikoreiche Engagements zu halten. Die Auswirkungen auf die Handelsfinanzierung sind beträchtlich, da diese Regeln den Zugang zu Kapital, insbesondere für KMU, einschränken können, während gleichzeitig robustere Risikomanagementpraktiken in der gesamten Branche gefördert werden.

Wie wir bereits festgestellt haben, haben sich die Banken vor 1988 im Wesentlichen selbst reguliert. Eine umsichtige Haltung des Managements oder der unbeschränkt haftenden Gesellschafter – eine Rechtsform, die heute weitestgehend verschwunden ist, abgesehen von einigen wenigen Banken an Orten wie der Schweiz oder London – machten umfangreiche Gesetze und Vorschriften für die Vergabe von Darlehen oder Krediten an private oder gewerbliche Kreditnehmer überflüssig.

Die Branche wusste sich selbst zu beaufsichtigen, bis einige Kreditinstitute und Banken sich selbst in Schwierigkeiten brachten, indem sie ihre Gewinnspannen auf eine Weise erhöhten, die zu Lasten der eigentlich notwendigen strengen Kreditanforderungen und des Due-Diligence-Managements ging.

Die ersten globalen Standardanforderungen für den Handel gehen auf die größte Insolvenz in Deutschland nach dem Zweiten Weltkrieg zurück, die der Herstatt-Bank im Juni 1974. Dieser unrühmliche Vorfall macht das Problem des Abwicklungsrisikos im internationalen Finanzwesen deutlich.

Der Herstatt-Skandal hat der sogenannten Deutschland AG, dem Netzwerk der Banken und der Industrie in Deutschland, einen Schauer über den Rücken gejagt und zur Gründung des Basler Ausschusses für Bankenaufsicht (Basel Committee on Banking Supervision, BCBS) geführt. Dieses Gremium setzt sich aus Vertretern der Zentralbanken und der Aufsichtsbehörden zusammen und soll Wege finden, um Risiken zu kontrollieren und Probleme, die durch systematische Fehler und regulatorische Unzulänglichkeiten entstehen, in Zukunft zu lösen.

Die Herstatt-Bank war eng mit den internationalen Finanzmärkten verflochten, und ihr Zusammenbruch löste einen wirtschaftlichen Niedergang aus, der auf der ganzen Welt zu spüren war. In seiner Folge kam es zu einer globalen Koordinierung, um zu verhindern, dass sich derartige Verwerfungen am Kreditmarkt wiederholen.

Die koordinierten Bemühungen mündeten in das Basel-I-Abkommen, das weltweit gültige Anforderungen und Vorschriften für die Handelsfinanzierung festlegte.

Der Finanzsektor passte sich rasch an diese neuen Gesetze an, und die von den internationalen Regulierungsbehörden verhängten Sanktionen zwangen den Ausschuss zu einer erneuten Reaktion. 1999 führte das BCBS das zweite Regelwerk – Basel II – ein, um gegen das Ausmaß von Betrug und Gesetzeslücken im internationalen Handel hart durchzugreifen und die Fallstricke der damaligen Praktiken in der Handelsfinanzierung zu beseitigen.

Als der Ausschuss einmal in Schwung gekommen war, gab es kein Halten mehr, und als Reaktion auf die Finanzkrise 2007 bis 2008 wurde Basel III geschaffen, in dem die Grundsätze für ein angemessenes Risikomanagement und die Beaufsichtigung der Konten festgelegt wurden.

Das neue Regelwerk wurde als Reaktion auf den massiven Mangel an Liquiditätspuffern angesichts des Zusammenbruchs des US-Immobilienmarktes entwickelt.

Im Jahr 2017 schloss der Basler Ausschuss seine Nachkrisen-Reformen im Rahmen von Basel III mit der Einführung neuer Standards zur Ermittlung der Eigenkapitalanforderungen für das Kreditrisiko und das Risiko der Kreditbewertungsanpassung (credit valuation adjustment, CVA) ab. Spätere Bewertungen durch den Basler Ausschuss für Bankenaufsicht (Basel Committee on Banking Supervision, BCBS) und die Europäische Zentralbank (EZB) haben die Wirksamkeit von Basel III bei der Stärkung der Widerstandsfähigkeit des globalen Finanzsystems untersucht. Der Evaluierungsbericht des BCBS aus dem Jahr 2022 kam zu dem Schluss, dass Basel III die Widerstandsfähigkeit der Banken gestärkt und das Systemrisiko durch die Erhöhung der Eigenkapital- und Liquiditätsstandards verringert hat. Der Bericht wies jedoch auch auf mögliche unbeabsichtigte Folgen hin, darunter höhere Kapitalkosten für Banken, wodurch die Kreditvergabe, insbesondere an KMU, eingeschränkt werden könnte. Auch die Analyse der EZB für das Jahr 2023 bestätigte, dass Basel III zwar zu einer besseren Finanzstabilität beigetragen hat, die (allerdings bescheidenen) Übergangskosten für die Umsetzung jedoch notwendig waren, um die langfristigen Vorteile zu sichern.

Viele der Juristen, Ökonomen und politischen Akteure, die die Basler Vorschriften entwickelt und kalibriert haben, fanden ihre Bemühungen in gewisser Weise unzureichend, da diese die Finanzkrise von 2007 bis 2008 nicht verhindern konnten.

Diese Wirtschaftskrise verunsicherte die Banken und führte zu einer schweren »Kreditklemme« und einer Reihe von staatlichen Rettungsaktionen in noch nie dagewesenem Umfang. Nachdem die dringendsten Maßnahmen zum Krisenmanagement im Jahr 2009 abgeschlossen waren, wurde die Idee einer internationalen Handelsregulierung wieder aufgegriffen.

Im Zuge der Finanzkrise veröffentlichte das BCBS fast 3000 Seiten, die mehr als die Hälfte des gesamten Regulierungsrahmens abdecken. Die Basler Rahmenvereinbarung hat eine völlig neue Dimension erreicht. Das Dokument dient heute als Rahmen für die internationale Handelsfinanzierung und setzt den gültigen Standard für jegliche Geschäftstätigkeit.

Es gibt drei Kategorien gesetzlicher Maßnahmen, welche die Finanzinstitute einhalten müssen und welche die Anleger kennen sollten:

- Systemvorschriften (groß angelegte, branchenweite Maßnahmen zur Organisation des Handels im Allgemeinen),
- aufsichtsrechtliche Vorschriften (die sich auf die finanzielle Gesundheit des jeweiligen Instituts konzentrieren und die Finanzunternehmen verpflichten, Risiken zu kontrollieren, Kapital in angemessenem Umfang zu halten, Liquiditätsanforderungen zu erfüllen und Großrisiken zu überwachen), und
- nicht-aufsichtsrechtliche Vorschriften, die von der finanziellen Gesundheit des einzelnen beaufsichtigten Instituts unabhängig sind.

Zu diesen Vorschriften gehören die Erlaubnis zur Kreditvergabe, Transparenzvorschriften, Verbraucherschutzvorschriften und Gesetze gegen Geldwäsche (AML-Gesetze und KYC-Gesetze).

Das folgende Diagramm skizziert die Entwicklung der aktuellen Basel-III-Rahmenvereinbarung. Das zweite Diagramm zeigt im Vergleich dazu die historische Entwicklung der US-Finanzvorschriften.

Nach der globalen Finanzkrise von 2008 beschloss der Basler Ausschuss für Bankenaufsicht (BCBS), die Basler Standards weiter zu stärken. Die neuen Basler Standards wurden im Dezember 2010 eingeführt. Die Basel-III-Standards wurden von 2013 bis 2019 in verschiedenen Phasen überarbeitet und verbessert.	
2011–2013	**2011:** Verbesserungen bei den Berechnungen der Kapitalanforderungen **2012:** Einführung von Kontrahentenstandards **2013:** Einführung der Mindestliquiditätsquote (Liquidity Coverage Ratio, LCR) **2013:** Um mit der Umsetzung von Basel III in EU-Recht zu beginnen, wurde die Eigenkapitalrichtlinie (Capital Requirements Directive, CRD IV) eingeführt.
2014–2016	**2014:** Die strukturelle Liquiditätsquote (Net Stable Funding Ratio, NSFR) wurde eingeführt. **2016:** Die Bank für Internationalen Zahlungsausgleich (BIZ) beschloss die grundlegende Überprüfung des Wertpapierhandels (Fundamental Review of the Trading Book, FRTB). Bei der FRTB handelt es sich um ein weltweites Regelwerk, das nach der Finanzkrise 2008 eingeführt wurde und die Mindestanforderungen an die Eigenkapitalausstattung von Banken im Großkundengeschäft festlegt. **2016:** Die BIZ führte das Zinsänderungsrisiko im Anlagebuch (Interest-Rate Risk in the Banking Book, IRRBB) ein. Es ist Teil der Säule 2 (aufsichtsrechtlicher Überprüfungsprozess, Supervisory Review Process) der Basler Eigenkapitalvereinbarung für die Steuerung und Überwachung des Zinsrisikos (Interest-Rate Risk, IRR). **2016:** Die Verordnung über Eigenkapitalanforderungen II (Capital Requirements Regulation II, CRR II) wurde vorgeschlagen, in der die FRTB und die IRRBB enthalten sind. **2016:** Einführung der Verschuldungs- und Liquiditätsquote für kleine Banken **2016:** Veröffentlichung der überarbeiteten Basel-III-Rahmenregelung zum Marktrisiko

2017–2019	Das Aufsichtsgremium des Basler Ausschusses, die Gruppe der Zentralbankgouverneure und Leiter der Aufsichtsbehörden (Group of Central Bank Governors and Heads of Supervision, GHOS), überwacht vor allem die Umsetzung der Basler Rahmenregelung. Das GHOS hat die Basler Reformen auf einer Sitzung am 7. Dezember 2017 abgeschlossen. Das Hauptziel bestand darin, das gesamte Bankensystem weltweit widerstandsfähiger zu machen, insbesondere in den EU-Mitgliedsstaaten. Auf ihrer folgenden Sitzung zu den Basler Reformen am 14. Januar 2019 verbesserte die GHOS den Rahmen für das Marktrisiko weiter. Nach der Pandemie hielt die GHOS vierteljährliche Sitzungen ab, um die Umsetzung der Basel-III-Rahmenregelung zu überwachen. **2017:** Die GHOS billigte den endgültigen Rahmen von Basel III, der die Überarbeitung aller Rahmenwerke umfasst, das heißt den auf internen Ratings basierenden Ansatz, das operationelle Risiko, das Marktrisiko, den Output Floor, den Standardansatz für das Kreditrisiko und schließlich die Verschuldungsquoten. **2019:** 100-prozentige Umsetzung des LCR-Rahmenwerks **2019:** Die GHOS befürwortete die Überarbeitung des Rahmens für Marktrisiken, der 2017 genehmigt worden war.
Aktueller Stand der Umsetzung von Basel III	Die Basel-III-Rahmenregelung war ursprünglich wegen der Pandemie von Januar 2022 auf Januar 2023 verschoben worden. Seitdem haben die Länder gestaffelte Zeitpläne verabschiedet. **Europäische Union (ohne Großbritannien):** Die endgültige Umsetzung im Rahmen der CRR-III-/CRD-VI-Reformen erfolgte größtenteils Anfang 2025. Die Regelungen werden dann von den Mitgliedsstaaten in nationales Recht umgesetzt. Das EU-Parlament billigte das Paket im April 2024, mit Übergangsregelungen bis 2032. **Großbritannien:** Die Prudential Regulation Authority (PRA), eine der Bank of England angegliederte Aufsichtsbehörde für Finanzdienstleistungen, bestätigte eine schrittweise Einführung ab Juli 2025, die bis Januar 2026 abgeschlossen sein soll. **USA:** Die US-Notenbank schlug im Oktober 2023 Regeln vor, die sich an Basel III orientieren bis 2025 umzusetzen sind. **Hongkong:** Basel III ist seit Januar 2023 vollständig umgesetzt. **Kanada:** Umsetzung der zentralen Standards von Basel III im Jahr 2023 mit Fokus auf kontinuierliche Verbesserungen im Bereich Kapital und Liquidität. **Australien:** Wesentliche Elemente wurden 2023 umgesetzt, wobei die Finanzaufsichtsbehörde APRA (Australian Prudential Regulation Authority) »unzweifelhaft starken« Kapitalpuffern Vorrang einräumt. **Japan:** Endgültige Einführung von Basel III im März 2024 nach einem stufenweisen Vorgehen ab 2021.

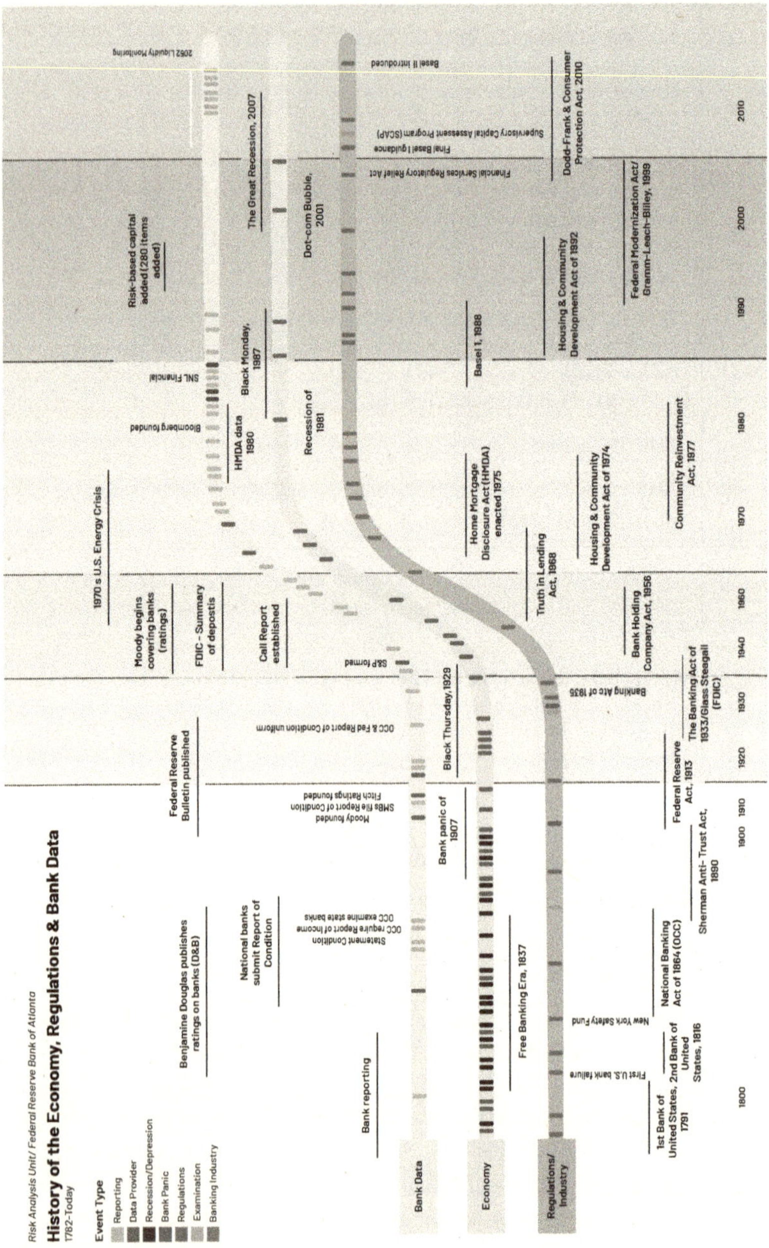

Risk Analysis Unit / Federal Reserve Bank of Atlanta
History of the Economy, Regulations & Bank Data
1782–Today
Event Type
Reporting
Data Provider
Recession/Depression
Bank Panic
Regulations
Examination
Banking Industry
Bank Data
Economy
Regulations/ Industry
Bank reporting
Benjamine Douglas publishes ratings on banks (D&B)
National banks submit Report of Condition
Statement Condition
OCC require Report of Income
OCC examine state banks
Federal Reserve Bulletin published
Moody founded
SMBs file Report of Condition
Fitch Ratings founded
OCC & Fed Report of Condition uniform
S&P formed
Moody begins covering banks (ratings)
FDIC - Summary of depostis
Call Report established
1970 s U.S. Energy Crisis
HMDA data 1980
Bloomberg founded
SNL Financial
Risk-based capital added (280 items added)
2052 Liquidity Monitoring
Free Banking Era, 1837
Bank panic of 1907
Black Thursday, 1929
Recession of 1981
Black Monday, 1987
Dot-com Bubble, 2001
The Great Recession, 2007
1st Bank of United States, 1791
2nd Bank of United States, 1816
First U.S. bank failure
New York Safety Fund
National Banking Act of 1864 (OCC)
Sherman Anti- Trust Act, 1890
Federal Reserve Act, 1913
The Banking Act of 1933/Glass Steagall (FDIC)
Banking Act of 1935
Bank Holding Company Act, 1956
Truth in Lending Act, 1968
Housing & Community Development Act of 1974
Home Mortgage Disclosure Act (HMDA) enacted 1975
Community Reinvestment Act, 1977
Basel I, 1988
Housing & Community Development Act of 1992
Federal Modernization Act/ Gramm-Leach-Billey, 1999
Financial Services Regulatory Relief Act
Final Basel I guidance
Supervisory Capital Assessent Program (SCAP)
Dodd-Frank & Consumer Protection Act, 2010
Basel II Introduced
1800
1900
1910
1920
1930
1940
1960
1970
1980
1990
2000
2010

Die Abbildung veranschaulicht die wichtigsten regulatorischen Reaktionen der Regierung auf eine Finanzkrise in der Geschichte der US-Wirtschaft. Diese Verordnungen und Gesetze wurden zum Schutz der Marktteilnehmer in einem bestimmten Gewerbe oder einer bestimmten Branche oder als sektorspezifische Vorschriften erlassen.

Diese gut gemeinten präventiven Vorschriften haben zu einer Vielzahl unbeabsichtigter Folgen für die KMU geführt, vor allem zu einem erschwerten Zugang der KMU zum internationalen Handel und zur Finanzierung. Um nur ein Beispiel zu nennen: Die Zahl der Banken, die in Afrika Handelskredite vergeben, ist zwischen 2013 und 2019 um 23 Prozent zurückgegangen. Kurzum: Große Banken treiben gerne mit großen Unternehmen Handel. Das ist das Dilemma der KMU und zugleich die Chance schlechthin für Unternehmen wie Artis und seine Investoren.

Maßnahmen, die Handelsfinanzierer in ihrem eigenen Interesse ergreifen sollten

Die Hauptaufgabe eines internen oder externen Rechtsberatungs-Teams besteht darin, jedes Geschäft unter die Lupe zu nehmen, die Transaktionsdokumentation vorzubereiten und zu überprüfen und die Einhaltung nationaler und internationaler Gesetze, Einschränkungen und anderer Richtlinien, wie zum Beispiel Sanktionen, zu gewährleisten, die sich mit der Zeit ändern können. Eine klare Strukturierung der Transaktionen und präzise Formulierungen sind dabei unerlässlich. Bei Artis nehmen wir es in dieser Hinsicht sehr genau.

An dieser Stelle wird unser Handel kommerziell und rechtlich geprüft. Ist ein Handelsgeschäft erst einmal in Gang gekommen, stellen sich immer wieder verschiedene rechtliche Fragen – die nicht unbedingt Probleme sind, sondern häufig die Qualität und die Lieferung des Produkts betreffen.

Kann der Schuldner nachweisen, dass es Mängel am betreffenden Produkt gibt oder dass es von minderer Qualität ist – trotz bereits erfolgter Abnahme –, so ist der Factoring-Kunde als Kreditnehmer verpflichtet, innerhalb einer gesetzten Frist für Abhilfe zu sorgen. Wird der Mangel nicht behoben, wird die Rechnung an den Factoring-Geber zurückgegeben. Unsere Rechtsexperten wickeln diese Geschäfte gemeinsam mit dem Kreditversicherer ab.

Ein einfaches Beispiel: Ein Finanzinstitut hat erkannt, dass die Einhaltung internationaler Vorschriften nur ein Teil der Herausforderungen ist. Die Investmentfirma wusste nicht, dass es in dem Land, in dem sie ein Handelsgeschäft finanzieren wollte, Mindestzölle und strenge Einfuhrvorschriften gab.

Das Land, in dem die besagte Firma Geschäfte machen wollte, ließ die Einfuhr der fraglichen Waren nicht zu und erlaubte auch nicht die Frachtgrößen, die vertraglich vereinbart waren. Im Ergebnis war das ein kostspieliger Lernprozess. Die Agentur sah sich gezwungen, das Handelsgeschäft vollständig zu annullieren.

Die Kreditversicherung

Warenkreditversicherungen werden in der Regel von Exporteuren abgeschlossen, um das Risiko eines Zahlungsausfalls durch ausländische Käufer zu mindern, sei es aufgrund von Insolvenz, einem längerfristigen Zahlungsversäumnis oder einem politischen Risiko. Aber auch Handelsfinanzierer können diese Form der Versicherung in Anspruch nehmen. Bei Artis setzen wir dieses Instrument regelmäßig ein, um sicherzustellen, dass die Versicherungsleistung im Falle eines Zahlungsausfalls an den vorgesehenen Zahlungsempfänger ausgezahlt wird.

Im Zusammenhang mit der Kreditversicherung sind zwei Begriffe zu erläutern: der Anspruchsinhaber und die Zahlungsausfall-Klausel. Der Anspruchsinhaber erhält bei Zahlungsausfall die Versicherungsleistung. Die internationalen Versicherungsvorschriften haben sich in den letzten Jahren erheblich geändert, insbesondere in der Warenkreditversicherung. Aufsichtsbehörden wie die Internationale Vereinigung der Versicherungsaufsichtsbehörden (International Association of Insurance Supervisors, IAIS) haben strengere Richtlinien eingeführt, um die Transparenz und das Risikomanagement zu verbessern. Diese Reformen verlangen von den Versicherern robustere Rahmenbedingungen für die Bewertung des Kreditrisikos und die Bearbeitung von Forderungen, vor allem bei grenzüberschreitenden Geschäften. So betonen die neuen Vorschriften beispielsweise die Notwendigkeit einer rechtzeitigen und genauen Meldung von Kreditengagements sowie strengerer Due-Diligence-Verfahren. Diese Entwicklungen bieten den Anlegern mehr Schutz und Zuverlässigkeit, da die Versicherer nun besser in der Lage sind, die mit dem internationalen Handel verbundenen Risiken zu verwalten und zu mindern.

Oft sind Anlagevehikel oder verwaltete Konten von Handelsfinanzierern die designierten Anspruchsinhaber im Verlustfall (loss payee), – ein wertvolles Sicherheitsnetz für Anleger, die im Falle des Zahlungsausfalls eines Käufers eine rasche Rückzahlung erwarten. Forderungen sind versichert, sofern sie bestimmte Kriterien erfüllen, wie zum Beispiel eine angemessene Abdeckung des Kreditrisikos.

Sicherheiten

Auch wenn rechtliche Abhilfemaßnahmen ergriffen worden sind und die entsprechenden Schutzmechanismen vorhanden sind, bleibt das Risiko eines Ausfalls oder einer Insolvenz des Käufers bestehen. Zusätzlich zur Kreditversicherung können wir persönliche oder unternehmerische Sicherheiten verlangen, die die Kosten für die Finanzierung des betreffenden Handelsgeschäfts decken, wobei wir erst auszahlen, wenn das Produkt vom Käufer abgenommen und die Rechnung gestellt wurde. Geschieht dies nicht, wird die Schuld durch die Versicherungsgesellschaft oder aus den bestehenden Sicherheiten gedeckt.

Das Due-Diligence-Verfahren von Artis und eine Checkliste für rechtliche Abhilfemaßnahmen

Bei Artis Trade Invest investieren wir zunächst unser eigenes Geld. Wir leihen uns aber auch Mittel von Unternehmen und privaten Kreditgebern, um unseren Marktanteil zu vergrößern. Anhand der folgenden

Ausführungen verstehen Sie die Prozesse, wie wir Due-Diligence-Prüfungen und Handelsfinanzierungsgeschäfte durchführen und vor allem wie wir die damit verbundenen Risiken analysieren und reduzieren.

Bevor ich das Programm Artis Trade Invest startete, hatte ich zahlreiche und vielfältige Erfahrungen im Handel gesammelt, die mir einen umfassenden Einblick in die Handelsfinanzierungsbranche verschafften. Handel findet vor Ort oder rund um die Welt statt; er ist eine Art Produkt ohne Grenzen, aber er ist nicht ohne menschliche Einschränkungen. Wir mussten mit dem Mythos aufräumen, dass Handelsinvestitionen nur etwas für die Generation der Wohlhabenden sind oder eine Anlageklasse darstellen, die den Banken als Investoren vorbehalten ist. Handelsfinanzierung ist eine wettbewerbsfähige und sichere Anlagekategorie und sollte Teil eines jeden ausgewogenen Investmentportfolios sein.

Aus der Sicht eines Fondsmanagers sollten Anleger Handelsfinanzierungen als eine rentable, sichere Anlageklasse betrachten, die auf lange Sicht prognostizierbare Dividenden abwirft. Investitionen in den Handel sind nicht spekulativ, und sie weisen weder die Höhenflüge noch die Abstürze von Private Equity auf, sondern sie vermitteln eher die Ruhe einer festverzinslichen Anlageform.

Mit der Gründung von Artis wollten wir die starre Struktur der modernen Bankkredite überwinden, um diese erschwingliche und lukrative Investitionsmöglichkeit den Aktionären und KMU zugänglich zu machen, die am meisten davon profitieren können. Die Handelsfinanzierung unterstützt den Handel in jeder Phase der Lieferkette. Die Peer-to-Peer-Kreditvergabe durch die Handelsfinanzierung ist eine moderne Form der Investition. Die Handelsfinanzierung bietet Anlegern die Möglichkeit, bei niedrigem Risiko und geringer Volatilität Renditen zu erzielen.

Wir bei Artis setzen uns für Handelsvereinbarungen ein, die den Unternehmen zugutekommen, die Weltwirtschaft fördern und Erträge für unsere Aktionäre schaffen. Wir studieren eingehend die Märkte, die Finanzgeschichte und die wirtschaftlichen Trends, um engagierten Anlegern unabhängig von ihrer Erfahrung oder ihrem Fachwissen den Bereich der Handelsfinanzierung zu erschließen. Wir verschieben nicht einfach Geld für bestimmte Stakeholder. Zusammen mit Projektmanagern begleiten wir sie durch den Prozess und sorgen so für einen lehrreichen und transparenten Investitionsprozess.

Unsere Verträge sind sorgfältig und in Übereinstimmung mit den örtlichen und internationalen Gesetzen aufgesetzt, die für jede einzelne Transaktion gelten. Obwohl es einfach klingt, ist die Strukturierung einer Vereinbarung zur Handelsfinanzierung ein langwieriger Prozess.

Wir straffen die Handelsmethodik und stellen sicher, dass jedes Geschäft funktioniert und die Bedürfnisse aller Beteiligten erfüllt, einschließlich des Unternehmens, der Investoren und der beteiligten Importeure und Exporteure.

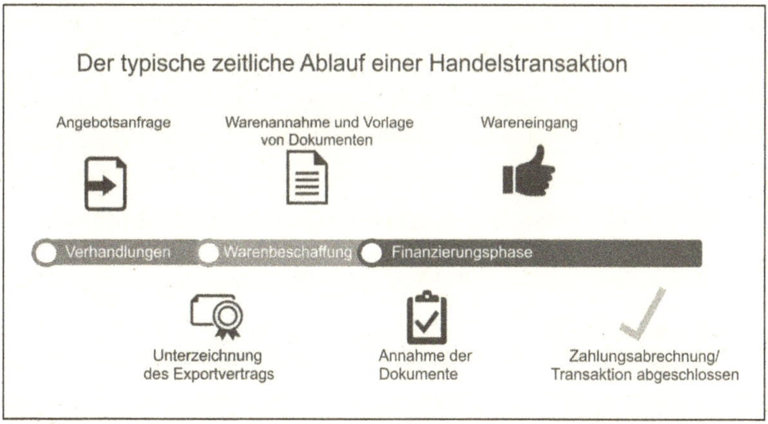

Als Nächstes sehen wir uns den Aufbau des Artis-Prozesses für die Recherche, Strukturierung und Bewertung aller Handelsgeschäfte an und überprüfen, wie ein Unternehmen die verhängten Sanktionen einhält.

Das Verfahren beginnt mit einer grundlegenden Überprüfung des rechtlichen und finanziellen Hintergrunds von Käufer und Verkäufer. Wir untersuchen die Zahlungsmoral unserer Kunden. Gibt es Zahlungsverzögerungen, Insolvenzen oder plötzlich auftauchende und wieder verschwindende Tochtergesellschaften? Haben die Parteien ein gutes Verhältnis zu ihren derzeitigen Vertriebshändlern? Wie sehen die durchschnittlichen Jahresumsätze aus?

Wie viele Produkte können sie produzieren/versenden/umschlagen? Mit anderen Worten: Wir führen eine gründliche Schreibtischrecherche durch, kombiniert mit Feedback aus unserem Netzwerk in über 75 Ländern. Die Ergebnisse werden unserem Risikobewertungs-Team vorgelegt. Wir verfolgen mit Blick auf die Geschäfte unserer Partner einen ganzheitlichen Ansatz, bei dem die Bonitätsprüfung zwar wichtig, aber nicht das einzige Kriterium ist. Immer mehr Anleger erwarten, dass sich das Unternehmen oder der Konzern für verantwortungsbewusste Investitionen einsetzt. Dies ist oft eine entscheidende Überlegung vor einer Investition. Für Anleger ist die soziale und ökologische Einstellung des Investitionsziels – unabhängig vom Umfang der Investition – nicht nur ein weiteres wichtiges Kästchen, das sie ankreuzen müssen; für viele ist es zu einem Muss geworden. Verantwortungsbewusstes Investieren wird von den globalen Handelsregulierungsbehörden gefördert.

Schauen wir uns Schritt für Schritt an, welche Prüfungen wir vornehmen, um ein Handelsgeschäft gründlich zu analysieren.

Schritt 1: KYC (Know Your Customer) und AML (Anti-Money Laundering) – eine notwendige Analyse

In den späten 1960er- und bis in die 1970er-Jahre hinein gab es im deutschen Fernsehen eine populäre Serie namens »Graf Yoster gibt sich die Ehre« und eine der Folgen hatte den Titel: »In London weiß der Nebel mehr als wir ...« Die Serie ähnelte sehr den »Avengers« aus Großbritannien und ich erinnere mich gerne daran; sie erklärt die Thematik dieses Abschnitts perfekt.

»Know Your Customer« (»KYC«, »Kenne deinen Kunden«) dient als Leitlinie, um den Missbrauch des Finanzsystems durch »nebulöse« Transaktionen zu verhindern, ein Unterfangen, das besser bekannt ist als »AML« (»Anti Money Laundering«, »Geldwäschebekämpfung«). Theoretisch kann KYC bis ins Unendliche ausgedehnt werden, daher sollte – idealerweise – der gesunde Menschenverstand walten. KYC und AML können ein Problem für Unternehmen darstellen, die versuchen, legitime Zahlungen zeitnah abzuwickeln.

Es scheint keine Grenze dafür zu geben, was die Compliance-Abteilungen manchmal als Zahlungsnachweis verlangen. Letzteres ist ein echtes Problem in der heutigen Arbeitswelt, in der die Beschäftigten der Finanzbranche schon bei kleinen Fehlern um ihren Arbeitsplatz fürchten müssen.

Die Identitätsprüfung im Rahmen des KYC-Prozesses trägt dazu bei, Betrug im Bankwesen zu verhindern und sicherzustellen, dass die Kunden auch diejenigen sind, die sie zu sein vorgeben. Das Verfahren ermöglicht es den Instituten, ihre Kunden zu überprüfen und sie daran zu hindern, Betrug, Steuerhinterziehung, Terrorismusfinanzierung und andere Finanzverbrechen zu begehen, über die in den Zeitungen oft geschrieben wird.

Die Aufsichtsbehörden wollen, dass man seine Kunden kennt und die Kunden der Kunden seiner Kunden und so weiter. Ein Unternehmen muss natürlich Informationen über seine Kunden sammeln, um diese korrekt zu identifizieren, deren Transaktionen zu überwachen und die allgemeinen Risikofaktoren zu bewerten mit dem Ziel, diese zu mindern.

Die KYC-Prüfung umfasst AML-Anforderungen und konzentriert sich folglich auf die Beziehung zwischen Importeur und Exporteur. Der internationale Handel, insbesondere seit dem Quantensprung der Digitalisierung, könnte diejenigen, die das Gesetz scheuen, dazu einladen, Gelder aus dunklen Geschäften zu verschieben und dabei darauf zu setzen, dass das Entdeckungsrisiko ohnehin gering ist.

Geldwäsche findet den lieben langen Tag an vielen Orten statt, an denen noch mit Bargeld hantiert wird, zum Beispiel in Cafés, Waschsalons und anderen Geschäften. In den Mittelmeerländern wird immer noch viel mehr Bargeld verwendet als in den Ländern des Nordens.

Die erste Regel, die die meisten Verstöße verhindert, besteht darin, immer das Gespräch mit derjenigen Partei zu verlangen, die den Scheck ausstellt oder die Überweisung tätigt. Auf diese Weise werden die meisten Mittelsmänner ausgeschaltet und diejenigen Transaktionen, die nur auf dem Papier existieren, verschwinden.

KYC und AML – wichtige Maßnahmen

- Wir prüfen den Ruf der wichtigsten beteiligten Parteien, des Managements, des Vorstands und der Aktionäre.
- Wir überprüfen die Namen der beteiligten Personen anhand der Liste der »Specially Designated Nationals« (»SDN«, »Besonders benannte Staatsangehörige und gesperrte Personen«*) und der Sanktionsliste.
- Wir überprüfen die wirtschaftlich Berechtigten (»Ultimate Beneficial Owners«, »UBO«) der beteiligten Unternehmen und stellen fest, wer der/die Anteilseigner ist/sind und ob es sich bei den Anteilseignern um eine Kapitalgesellschaft handelt, die möglicherweise einem anderen Unternehmen gehört.
- Bei der Prüfung der beteiligten Banken auf der Käufer- und der Verkäuferseite beachten wir Folgendes:
  - Haben die betreffenden Banken Erfahrung mit dieser Art von Transaktionen?
  - Gibt es Probleme mit Sanktionen?

Wer sind die Aktionäre der Bank, wenn es sich nicht um einen der bekannten großen Namen handelt?

---

* Das Office of Foreign Assets Control (OFAC) als zuständige Kontrollbehörde des US-Finanzministeriums, führt und veröffentlicht die »Specially Designated Nationals List« (kurz: »SDN-List«). Das Vermögen von Personen, Gruppen, Organisationen und Unternehmen, die auf dieser Liste stehen, wird eingefroren beziehungsweise blockiert, etwa weil sie mit Terrorismus, Drogenhandel oder diktatorischen Regimen in Verbindung gebracht werden. (Anm. d. Red.)

AML umfasst die Gesetze, Vorschriften und Verfahren, die Licht in die undurchsichtigen Vorgänge bringen. Die Technik hat AML- und KYC-Prozesse entscheidend vorangebracht.

Absolute Gewissheit ist allerdings unrealistisch. Es fängt schon damit an, dass jemand mit »nebulösen« Absichten sich nicht zwangsläufig auf Standardzahlungssysteme verlässt. Investigativer Journalismus hat in den Skandalen um die »Panama Papers« und die »Paradise Papers« Millionen von Dokumenten ans Licht der Öffentlichkeit gezerrt, als »schmutziges Geld« im Wert von Millionen von Dollar entdeckt wurde. Eine gründliche Due-Diligence-Prüfung gepaart mit einer Portion gesundem Menschenverstand ist eben sehr hilfreich.

Heutzutage müssen selbst kleine Unternehmen, ganz zu schweigen von multinationalen Konzernen, beträchtliche Mittel aufwenden, um die ständig zunehmenden und sich häufig ändernden Vorschriften einzuhalten. Die Compliance-Abteilungen wachsen immer noch mit bemerkenswerter Geschwindigkeit. Die Abwicklungskosten für Handelsgeschäfte sind gestiegen und steigen weiter.

Schritt 2: Das Produkt verstehen

Für Handelsfinanzierer geht die Validierung eines Produkts weit über regelmäßige Inspektionen und Tests hinaus. Artis nimmt sich Zeit, um das Produkt, das hergestellt, gekauft und verkauft wird, vollständig zu verstehen, da jede finanzierte Lieferung dem Unternehmen gehört, sobald ein Vertrag abgesegnet ist.

Das Produktinventar von Artis enthält Einzelheiten zu den Produkten und Komponenten und darüber, woher die produzierten Artikel stammen und wohin sie verkauft werden. Wir stellen fest, ob eine Überprüfung der Lieferkette möglich ist und welche Sicherheiten (Akkreditiv, Kreditversicherung oder andere) vorhanden sind.

Stellen wir uns als Beispiel vor, ein Blumengeschäft an der renommierten Bahnhofstrasse in Zürich erhält frische Blumen aus Ecuador, einem wichtigen Produktionsland von Schnittblumen.

Das Produkt verstehen – wichtige Maßnahmen

- Wir führen einen Produktcheck und eine Analyse der gesamten Branche durch. Sind die Produkte frei von jeglichen Sanktionen? Wenn nicht, welche Sanktionen könnten gelten (vor allem in den USA, der EU, innerhalb der UN)? In letzter Zeit sind China und Russland in den weltweiten Sanktions-»Wettbewerb« eingetreten und haben vor allem westliche Unternehmen und Einzelpersonen sanktioniert. Diese neuen nationalen Sanktionsverzeichnisse müssen nun ebenfalls beobachtet werden.

- Wir untersuchen das betreffende Produkt auf einen möglichen Dual Use (»Doppelverwendungsfähigkeit«) hin. Dies ist besonders wichtig bei Rohstoffen und Halbfertigprodukten. Dual-Use-Güter sind Gegenstände, die sowohl für zivile als auch für militärische Zwecke verwendet werden können. Diese Art von Gütern ist starken Regulierungen unterworfen, da sie als zivilen Zwecken dienend eingestuft und dann für militärische Zwecke umgewandelt oder – noch schlimmer – für Terroranschläge eingesetzt werden könnten.

Wir prüfen, ob die Produkte bei einem Ministerium (in der Regel beim Gesundheits- oder Wirtschaftsministerium) registriert sind, und wenn ja, wer dann als Registrierungsstelle verantwortlich für die sichere Lieferung des Produkts im Land ist. Falls die Produkte nicht registriert sind, müssen wir klären, ob eine Registrierung erforderlich ist, und wenn ja, ob irgendein entsprechendes Verfahren eingeleitet worden ist.

Wenn der Kunde den Laden betritt, müssen die Blumen, unabhängig vom Wochentag oder der Jahreszeit, so frisch duften und aussehen, als wären sie erst wenige Stunden vorher geschnitten worden. Alles andere wäre für das Geschäft ein Verlust. Blumen am Ende des Tages mit einem hohen Preisnachlass oder gar nicht zu verkaufen, wäre gleichbedeutend mit einem schlechten Tagesende. Dieses Beispiel ruft uns ins Gedächtnis, inwiefern die Präzisierung der Abläufe und der Logistik den Unterschied zwischen einem erfolgreichen Handel und einem finanziellen Verlust ausmachen kann.

Bei Artis haben wir beschlossen, uns nicht mit verderblichen Waren zu befassen. Getrocknete Früchte, Nüsse und Datteln stellen für uns die Grenze dar – frische Schnittblumen oder verderbliche Waren, einschließlich Tiefkühlfisch, sind kein Risiko, das wir zu diesem Zeitpunkt eingehen möchten.

Schritt 3: Validierung der Gegenparteien – Verkäufer/Käufer/ Importeur/Exporteur

Wir konzentrieren uns auf Länder, in denen wir uns auf ein seriöses und erfahrenes Team vor Ort verlassen können, und bauen sektor- und branchenübergreifend zuverlässige Geschäftsbeziehungen zu Verkäufern und Käufern auf.

Zurzeit liegt unser Factoring-Schwerpunkt in Europa. Wir prüfen jedoch auch andere Umschlagplätze, die unseren Anforderungen entsprechen und in denen es vor Ort starke Teams gibt, in denen Rechtssicherheit im Land herrscht und in denen überdurchschnittliche Margen möglich sind.

Wir bevorzugen Wiederholungsgeschäfte und dauerhafte Beziehungen mit Lieferanten oder Exporteuren, bei denen wir den Prozess validieren und uns auf die ordnungsgemäße Ausführung durch Verkäufer und Käufer verlassen. Wir überprüfen auch den Markt des Importeurs und die Frage, ob er in der Lage ist, das Produkt zu verkaufen. Wenn ein Verkauf unwahrscheinlich ist, ist auch die Rückzahlung unwahrscheinlich.

Sobald wir die beteiligten Parteien und die Stichhaltigkeit des Geschäftskonzepts bestätigt haben, folgt die Bewertung der wirtschaftlichen Nachhaltigkeit des Geschäfts.

Validierung der Gegenparteien – wichtige Maßnahmen

- Wir überprüfen die Erfahrung und den Ruf des Verkäufers in seinem Markt, einschließlich des bisherigen Handelsvolumens, der Häufigkeit des Handels und des finanziellen Volumens pro Transaktion und anderer Arten von Erfahrungen oder Problemen.

- Wir recherchieren: War der Verkäufer in der Vergangenheit von Sanktionen der USA, der Vereinten Nationen oder der EU betroffen oder unterlag er solchen?

- Wir überprüfen die Eigentumsverhältnisse des Verkäufers, insbesondere wenn das Unternehmen in Privatbesitz ist. Börsennotierte Unternehmen sind leichter zu überprüfen.

- Wir recherchieren: Wie wird der Handel abgewickelt (ab Werk, frei Schiff, Cost and Freight [CFR] oder bei Löschung, sprich Entladung der Ware)?

Prüfen Sie die Zahlungsbedingungen. Wie wird die Zahlung abgewickelt und über welche Partei?

Schritt 4: Die Strukturierung der Transaktion

Nach Abschluss der Due-Diligence-Prüfung ist es an der Zeit, die Transaktion zu strukturieren, um die Rolle der einzelnen Parteien bei der Finanzierung des Geschäfts zu bestimmen. Risikominderung ist nach wie vor der Schlüssel, und die Struktur des Geschäfts sollte alle Parteien zufriedenstellen.

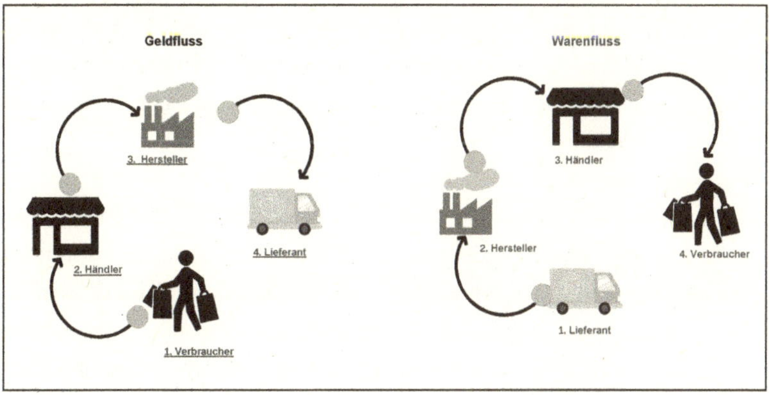

Ein **Kontokorrent** liegt vor, wenn die Waren versandt und geliefert werden, bevor die Zahlung fällig ist. Während dies für den Käufer/Importeur prima ist, kann es für den Verkäufer oder Exporteur ein Risiko darstellen und auf den Finanzier zurückfallen, wenn der Importeur in Verzug gerät oder die vereinbarten Zahlungsbedingungen nicht einhält. Bewegliche Güter oder Verbrauchsgüter können im Fall der Nichtbezahlung nicht zurückgefordert werden, da sie bereits verteilt wurden. Kontokorrentgeschäfte sind idealerweise kreditbesichert. Wenn eine nationale Exportkreditversicherung den Bestimmungsort nicht abdeckt (manche decken zum Beispiel den Sudan nicht ab), können Bürgschaften von Einzelpersonen oder Unternehmen helfen.

Kauf und Verkauf: Hier tritt die finanzierende Partei an die Stelle des Käufers und übernimmt das Eigentum am finanzierten Objekt. Die finanzierende Partei kauft den Export direkt von dem Händler, der ihn an den Importeur verkauft, einschließlich der Finanzierungsmarge. Dies hilft denjenigen KMU, die flexiblere Bedingungen benötigen, als ein Exporteur sie bieten kann.

Wenn KMU, die eine Handelsfinanzierung beantragen, ein höheres finanzielles Risiko tragen, können katalytische Instrumente zur Kreditverbesserung, wie zum Beispiel First-Loss-Kapital, geeignet sein. First-Loss-Kapital ist durch drei Merkmale definiert:

1. Die Investmentfirma trägt oder deckt den Anfangsverlust. Die Höhe der Verlustdeckung wird im Voraus vereinbart. Entsprechend dem eingegangenen Risiko erhält diese Finanzierungstranche die höchste Rendite; dies ist der Punkt, an dem Hedgefonds und Spekulanten häufig investieren.

2. Da der Anfangsverlust gedeckt ist, verbessert sich das Risiko-/Ertragsprofil des Empfängers, was ihn für potenzielle Investoren attraktiver macht. Portfolio-Investoren gefällt dieses Risikoniveau.

3. Es handelt sich um ein sehr spezifisches Instrument für einen bestimmten Zweck.

Akkreditive stellen die Garantie einer Bank dar, den Verkäufer zu bezahlen, sobald die vereinbarten Bedingungen erfüllt sind, und gewährleisten die Sicherheit der Transaktion. Sie bieten Käufern und Verkäufern einen sicheren Mechanismus für den inländischen und internationalen Handel, auch wenn die Parteien bis dahin keine Geschäftsbeziehung miteinander hatten.

Die Bank des Käufers stellt ein Akkreditiv aus, das als rechtsverbindliche Zusage gilt, die Zahlung an die Bank des Exporteurs zu einem bestimmten zukünftigen Termin zu überweisen, sofern die vereinbarten Waren oder Dienstleistungen zu den festgelegten Bedingungen ausgetauscht wurden. Es ist das moderne Gegenstück zum Bankakzept, auf das weiter unten eingegangen wird.

Ein Akkreditiv ist in der Regel nicht widerrufbar und von der Vorlage bestimmter Dokumente und der Einhaltung bestimmter Termine abhängig. Es dient als Absicherung für das Handelsgeschäft und gibt beiden Parteien die Gewissheit, dass ihre Lieferungen, Zahlungen, Waren, Dienstleistungen und Fristen erbracht beziehungsweise eingehalten werden.

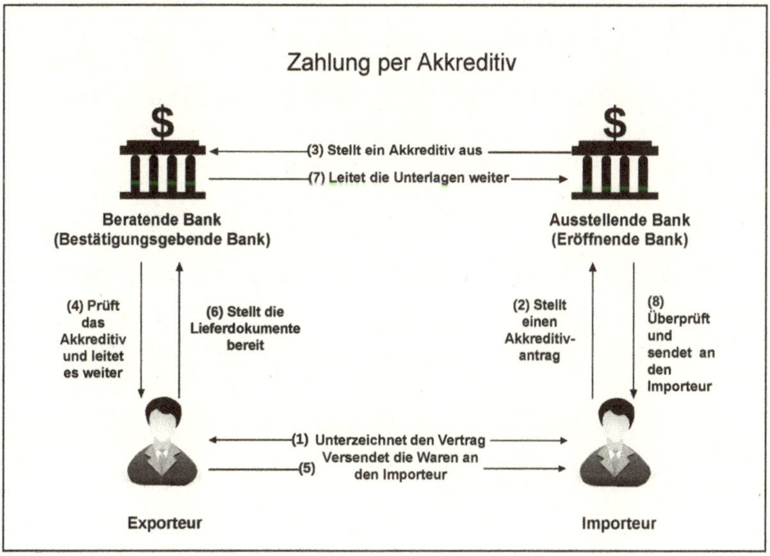

Sicherzustellen, dass die Transaktion solide und rentabel ist, bevor sie diesen Punkt erreicht, ist entscheidend. Sobald die Dokumente unterzeichnet sind und die Transaktion eingeleitet ist, machen sich Exporteure und Importeure daran, die notwendigen Materialien zu beschaffen und sich darauf vorzubereiten, ihren Kunden die Türen zu öffnen.

Die Strukturierung der Transaktion – wichtige Maßnahmen

Bei der Identifizierung der am Handel beteiligten Parteien sind einige Dinge zu beachten:

- Ist ein Finanz- oder Geschäftsvermittler beteiligt oder handelt es sich um einen Direktverkauf?
- Wir sehen uns die Angaben des Handelsregisters zu Verkäufer und Käufer sowie die Angaben zu den Vermittlern (falls vorhanden) an und erstellen ein Diagramm der Transaktionen, das Folgendes enthält:
  - die Namen aller Parteien (direkt, indirekt, aus der Ferne beteiligt),
  - den Produktfluss (oder die Produktflüsse),
  - den Geldfluss oder die Geldflüsse und
  - die Vertragsbeziehungen.
- Dies alles gibt einen unmittelbaren Überblick über die Verhältnisse und die beteiligten Personen.
- Wir validieren den Geschäftsentwurf mit einem internationalen Exporteur.
- Wir informieren den Importeur.

Wir recherchieren: Gibt es noch irgendwelche anderen Probleme, ob sie nun damit zusammenhängen oder nicht?

Schritt 5: Identifizierte Risiken

Wir haben nun die wichtigsten Bereiche von Handelsfinanzierungsrisiken abgedeckt, darunter politische Risiken, Risiken in der Lieferkette, natürlich das Risiko menschlichen Versagens und andere. Auch wenn Handelsfinanzierungsunternehmen gerne alle KMU unterstützen würden, sind diese verschiedenen Risikobereiche potenzielle Killer für Geschäfte mit neuen Kunden, vor allem wenn es um internationale Geschäfte geht.

Immer wenn wir uns einen potenziellen Kunden ansehen, prüft Artis bestimmte geschäftliche Merkmale, um ein Gefühl für den neuen Kunden zu bekommen. Fehlen geprüfte Finanzunterlagen und damit zusammenhängende Informationen, ist das ein erstes Warnzeichen, und wir müssen uns das Unternehmen möglicherweise genauer ansehen, bevor wir einen Vertrag abschließen.

Unternehmen, die keine Sicherheiten aufweisen, stellen ein weiteres Risiko dar. Wenn ein KMU einen Finanzierungsvertrag erhält, ohne Sicherheiten zu stellen, und schließlich Insolvenz anmeldet oder mit seinen Zahlungen in Verzug gerät, muss die Factoring-Gesellschaft den Verlust tragen.

Je nach Transaktion und Gerichtsbarkeit können Sicherheiten – persönliche Sicherheiten oder Unternehmenssicherheiten – für das Ergebnis eines Antrags entscheidend sein. Wer umfangreiche Sicherheiten vorweisen kann, hat eine höhere Wahrscheinlichkeit, eine Finanzierungsvereinbarung zu erhalten, als ein KMU ohne Sicherheiten.

Die KYC- und AML-Gesetze und die Fintech-Unternehmen haben einen wichtigen Beitrag zur Sicherheit des Handels geleistet, aber es besteht auch das Risiko, dass die KYC- und AML-Gesetze nicht alle erfassen.

Identifizierte Risiken – wichtige Maßnahmen

- Wir führen eine gründliche Risikominderung auf Mikro- und Makroebene durch.
- Wir schauen uns bei jedem Beteiligten und jeder Partei, die involviert ist, genauestens an, wie sie oder er sich darstellt im operativen Geschäft, bei Transaktionen und in Sachen Reputation.

Schritt 6: Der Handelsprozess und die Sanktionen

Wenn das Handelsgeschäft wirtschaftlich sinnvoll erscheint, die beteiligten Unternehmen überprüft und validiert und die Risiken bewertet und gemindert wurden, ist der nächste Schritt die Abwicklung des Geschäfts. Ein Handelsgeschäft hat viele »bewegliche Teile«.

Es ist von entscheidender Bedeutung, dass die Struktur der Transaktion solide ist und dass die einschlägigen rechtlichen Abhilfemaßnahmen angewandt werden, um sicherzustellen, dass alle Unterlagen in Ordnung sind. Bei der Transaktion müssen die zahlreichen nationalen Sanktionsvorschriften beachtet werden.

So verschärften die USA Ende 2021 die Handelssanktionen gegen Venezuela und untersagten US-Unternehmen und Inhabern von US-Pässen den Handel mit dem Land sowie Transaktionen mit Venezuela in US-Dollar. Zu einem besonderen Schwerpunkt wurden petrochemische Transaktionen einschließlich Rohöl.

Nehmen wir an, ein asiatisches Unternehmen kauft landwirtschaftliche Produkte aus Venezuela oder verkauft medizinische Produkte nach Venezuela. Der Handel kann entweder in Euro oder in Schweizer Franken abgewickelt werden. Es wird gegen keinerlei Sanktionen verstoßen. Bleibt nur das Problem, eine Bank zu finden, die bereit ist, das Geschäft abzuwickeln, denn sie wird um ihre Bankbeziehungen in die USA fürchten, obwohl keine Sanktionen verhängt wurden.

Sanktionen sind oft ein wirtschaftliches Kriegsspiel, das dürftig in einem rechtlichen Rahmen versteckt wird, aber letztlich den gewünschten Effekt erzielt: Das sanktionierte Land wird am Handel gehindert. Selbstverständlich sollen Sanktionen Geschäfte mit dem sanktionierten Land verhindern. Wie sollte sich also ein Unternehmer, und sei es ein sehr erfahrener Unternehmer, am besten in den unruhigen Gewässern der Handelssanktionen bewegen? Sanktionen sind für das sanktionierende Land, ganz besonders für die USA, eine nicht unerhebliche Einnahmequelle.

Einen guten Anfang macht man, indem man fragt, ob eine der beteiligten Parteien, unabhängig von ihrer Größe oder Bedeutung, auf einer staatlichen oder staatenübergreifenden Sanktionsliste steht (EU/USA/

UN/Russland/China), und wenn ja, in welchem Umfang. Auf Grundlage dieser Auswertung lässt sich eine fundierte Entscheidung treffen und es lässt sich beurteilen, ob eine eingehendere KYC-Untersuchung nötig ist. Es könnte erforderlich sein, Anwälte, Ermittlungsfirmen und ähnliche Ressourcen hinzuzuziehen, um die Rechtmäßigkeit der vorgeschlagenen Transaktionen in den verschiedenen Rechtsordnungen zu bestätigen oder um einen sicheren Weg für Transaktionen zu skizzieren, der im Einklang mit den geltenden Sanktionsvorschriften steht.

In einer idealen Welt wäre es einfacher, sich im internationalen Handel zurechtzufinden, da es dort ein einziges Handbuch mit allen Vorschriften gäbe, die man kennen muss. Leider gibt es das nicht. Jedes Land und jede Region, sogar einzelne Städte (wie der Vatikan) oder internationale Körperschaften (wie die EU, die Vereinten Nationen, die Weltbank, der IWF und so weiter) haben ihre eigenen Regeln und Vorschriften, wenn es um den Handel geht.

Diese Regeln und Vorschriften können in Form von Kontingenten, Zöllen, anderweitigen Handelshemmnissen, dem Einfrieren/Beschlagnahmen von Vermögenswerten oder einem Embargo auftreten. Nicht alle Gesetze schränken den Handel direkt ein, aber jede Handelsvereinbarung muss die verschiedenen Schwellenwerte erfüllen, je nachdem, wo die Transaktion durchgeführt wird und wer die Importeure und Exporteure sind. Auch ist der Stand des internationalen Handels zu berücksichtigen.

Kontingente sind staatlich auferlegte Handelsvorschriften, die den Handel in irgendeiner Form beschränken. Manchmal kann die Stückzahl der verschickten Produkte begrenzt werden, oder es dürfen Waren mit einem bestimmten Geldwert nicht jederzeit versendet werden; oder der Staat beschränkt die Menge, die in einem bestimmten Zeitraum verkauft werden darf, was ebenfalls als Kontingent angesehen wird.

Wenn Vermögenswerte wie Grundstücke oder Immobilien im Besitz eines Importeurs oder Exporteurs praktisch eingefroren werden können, hat dies zur Folge, dass das Eigentum nicht bewegt oder verkauft werden kann, es sei denn, dies erfolgt durch den sanktionierenden Staat oder mit seiner Genehmigung. Das internationale Recht bleibt in diesen Fragen vage.

Kontingente und das Einfrieren von Vermögenswerten sind Instrumente, die von Regierungen eingesetzt werden, um den Handel mit Personen, Unternehmen oder Volkswirtschaften zu unterbinden oder einzuschränken.

Unter Zöllen werden meist Einfuhrsteuern verstanden, die vom Staat erhoben werden. Sie schwanken mit dem sich ständig ändernden politischen Klima. Anderweitige Handelshemmnisse sind Beschränkungen für Importwaren, die nichts mit Steuern zu tun haben, wie zum Beispiel spezifische Lizenzanforderungen oder Produktstandards. Sie stellen ein weiteres Instrument dar, um den Handel mit Waren oder Dienstleistungen und Finanzierungsvereinbarungen zu fördern oder zu behindern. Zölle verhindern Handelsgeschäfte zwar nicht völlig, aber sie verursachen Kosten und beeinflussen das finanzielle Gesamtergebnis.

Schließlich gibt es noch Embargos. Ein Embargo ist die schärfste aller rechtlichen Sanktionen, es geht dabei in der Regel um ein vollständiges Handelsverbot. Dabei kann es sich um ein Verbot kommerzieller Tätigkeit im Allgemeinen handeln, manchmal aber auch nur um ein Verbot des Handels selbst. Es ist von größter Bedeutung, über Embargos auf dem Laufenden zu sein und zu wissen, wo es sie gibt, um internationale Handelsgeschäfte erfolgreich abwickeln zu können.

Wir gleichen jede Transaktion, jedes Produkt und jede Person mit der aktuellen Sanktionsliste ab. Der Prozess ist mühsam und umfangreich, aber unvermeidlich. Es ist der einzige Weg, sich sicher durch den Sanktionsdschungel zu bewegen, und unsere Kunden schätzen die Unterstützung durch unsere internen Rechts- und Risikoexperten.

Ein Verstoß gegen die Sanktionsbestimmungen ist alles andere als trivial und wird in vielen Rechtsordnungen, insbesondere in den USA, als Straftat angesehen. Ein guter Rechtsanwalt für Strafrecht (nicht für Wirtschaftsrecht) kann KMU, die Geschäfte machen wollen mit Ländern, die auf der Sanktionsliste stehen, wertvolle Ratschläge erteilen und eine hervorragende letzte Orientierungshilfe vor der Unterzeichnung eines Geschäfts bieten.

In all den Jahren, in denen wir in der Handelsbranche tätig sind, sind wir rechtlichen Problemen aus dem Weg gegangen. Dies ist nicht zuletzt diesem langwierigen Due-Diligence-Prozess, dem gesunden Menschenverstand und unserem engagierten und innovativen Team zu verdanken. Seien Sie streng in der Frage, mit wem Sie Umgang pflegen. Wenn Sie dabei Fehler machen, kann ein ganzes Geschäft den Bach runtergehen oder eine komplette Produktionslinie stillstehen, nur weil eine Just-in-time-Produktlieferung verspätet ist. Die letzten Jahre haben gezeigt, dass es rund um den Globus Versorgungsprobleme geben kann.

Handelsfinanzierung bietet eine Fülle von Möglichkeiten. Es ist die Aufgabe von Artis, unsere Partner sicher durch dieses wirtschaftliche »Bermuda-Dreieck« zu navigieren. Gute Prozesse sorgen für Klarheit.

Wir kümmern uns um die Reputations- und Zahlungssorgen unserer Kunden. Was Beratung betrifft, verkaufen wir sozusagen das Aspirin gegen die »Kopfschmerzen« im Handel. In den Jahren 2020 und 2021 haben europäische Unternehmen, die ihre Mitarbeiter nicht persönlich nach Kabul schicken wollten, bei ihren Ausschreibungen mit der damaligen afghanischen Regierung geholfen. Wir sind für Unternehmen aus einer Vielzahl von Branchen tätig, von Farben und Versicherungen bis hin zu Pharmazeutika und Traktoren.

Wenn Artis gerade nicht als Vermittler für einen Kunden arbeitet, helfen wir Unternehmen bei der Finanzierung ihrer Importe oder der Eröffnung von Bankkonten. Ein typischer Fall ist die Erleichterung der Annahme von Akkreditiven oder die Monetarisierung von Kreditlinien durch Rückkaufvereinbarungen. Viele KMU finden es schwierig, ihre Akkreditive bestätigt zu bekommen.

Wie bereits erwähnt, ist es unmöglich, Akkreditive in nicht-konvertierbaren Währungen auszustellen. Oft können wir lokale oder nicht bestätigte Akkreditive akzeptieren. Mit Unternehmen im Vereinigten Königreich, in der EU, der Schweiz, im Nahen Osten und in Zentralasien stellen wir die für das Geschäft geeignete Gegenpartei mit der richtigen Währung und im richtigen Land zur Verfügung.

In Zeiten neuer Technologien haben wir viele unserer Prozesse digitalisiert, um die Effizienz zu steigern, die Bearbeitungszeiten für Anträge zu verkürzen, Betrugsfälle (vor allem bei Akkreditiven) frühzeitig zu erkennen und unsere Arbeitsabläufe zu optimieren. Die Fintech-Kombination aus Blockchain und KI war ein Segen und hat die Landschaft der Handelsfinanzierung drastisch verändert. Sie wird auch in Zukunft für mehr Klarheit, Rentabilität und Effizienz in diesem Handelssektor sorgen.

Transparenz schafft Vertrauen

Die digitale Innovation gewinnt weiter an Fahrt, wobei Fortschritte bei der KI und der Blockchain-Technologie die Effizienz und die Sicherheit von Handelsfinanzierungsgeschäften erhöhen. Das Aufkommen virtueller Währungen und dezentraler Finanzplattformen (DeFi) wird voraussichtlich den Zahlungsverkehr im internationalen Handel revolutionieren und schnellere, sicherere und kostengünstigere grenzüberschreitende Transaktionen ermöglichen.

Ein weiterer wichtiger Trend, der die Landschaft der Handelsfinanzierung prägt, ist die Einbindung von ESG-Faktoren. Dabei handelt es sich nicht nur um einen Trend, sondern um einen grundlegenden Wandel, der immer wichtiger wird. Die Finanzinstitute beziehen nun ESG-Kriterien in ihre Entscheidungsprozesse ein, was zur Entwicklung nachhaltigkeitsbezogener Handelsfinanzierungsprodukte wie grünen Anleihen und mit ESG verknüpften Darlehen geführt hat. Dieser Wandel unterstützt nicht nur die globalen Nachhaltigkeitsziele, sondern schafft auch attraktive Möglichkeiten für Anleger, die ihre Portfolios an ethischen und nachhaltigen Kriterien ausrichten wollen.

Der Schlüssel zum Aufbau von Vertrauen in der Handelsfinanzierung ist Transparenz. Nur wenn die Prozesse transparent und leicht verständlich sind, wird die Handelsfinanzierung eine breitere Akzeptanz bei privaten Investoren finden und als wertvolle Anlageklasse anerkannt werden. Deshalb haben wir unser Sechs-Schritte-Modell für die Abwicklung von Handelsgeschäften entwickelt, das das Risiko für alle Beteiligten, einschließlich Investoren und Handelspartner, minimiert. Wie oben dargelegt, befasst sich dieses Modell mit kritischen Bereichen wie der Einhaltung von Gesetzen, dem Betrugsrisiko und den inländischen oder grenzüberschreitenden Sanktionen und führt die Anleger zu höheren Renditen. All dies sind Faktoren, die Anleger bei der Auswahl ihrer Investitionen als entscheidend ansehen.

KAPITEL 7

ESG: NACHHALTIGKEIT BEI DER HANDELSFINANZIERUNG

Wie bereits erwähnt, wird Nachhaltigkeit im internationalen Handel immer wichtiger, und das gilt auch für die Handelsfinanzierung. John Denton, Generalsekretär der Internationalen Handelskammer, hat die Bedeutung einer nachhaltigen Vorgehensweise betont, indem er erklärte: »Die globalen Lieferketten sind nicht nur für bis zu 80 Prozent der CO_2-Emissionen der Wirtschaft verantwortlich, sondern auch für die Arbeit und den Lebensunterhalt von Milliarden von Menschen. Daher müssen die beteiligten Parteien ihre Geschäfte so führen, dass unser Planet und die Menschen, die auf ihm leben, geschützt werden.«

Auf dem ESG XChange Summit 2024 unterstrichen führende Politiker aus aller Welt die wachsende Dringlichkeit solider ESG-Praktiken zur Bekämpfung des Klimawandels und betonten, dass nachhaltige Strategien in den globalen Lieferketten von entscheidender Bedeutung seien, um Umweltziele zu erreichen und gleichzeitig die Lebensgrundlagen von Milliarden Menschen zu sichern. In einer kritischen Erklärung auf dem Summit wurde betont: »Die Verknüpfung von Nachhaltigkeit und Handel ist nicht länger optional, sondern notwendig, um die drängende Klimakrise und ihre weitreichenden Auswirkungen auf die globalen Volkswirtschaften zu bewältigen.« Bei Artis haben wir uns voll und ganz der Einbeziehung von ESG in die Handelsfinanzierung verschrieben. Dieser Ansatz ermöglicht es uns, hohe Anlagerenditen zu erzielen und Glaubwürdigkeit und Verantwortung in der Branche zu fördern.

Dieses Kapitel befasst sich mit den spezifischen Auswirkungen von ESG auf die Handelsfinanzierung. Ökologische, soziale und auf die Unternehmensführung bezogene Kriterien sind für Institutionen weltweit zum Eckpfeiler verantwortungsbewusster Investitionen geworden. Wir werden untersuchen, wie Handelsfinanzierung die Finanzlage eines Unternehmens verbessern und seine ESG-Leistung steigern kann.

Regierungen und Verbraucher werden sich der Bedeutung des Themas Nachhaltigkeit in der Geschäftswelt, in der Produktion und im Einzelhandel immer mehr bewusst. Dies hat dazu geführt, dass der Druck auf alle Beteiligten der Wertschöpfungskette – Hersteller, Finanzinstitute, Logistikanbieter, Groß- und Einzelhändler – zunimmt. Nachhaltigkeit ist zu einem zentralen Thema in der Politik geworden, wodurch die Nachfrage nach Transparenz in der gesamten Produktions- und Lieferkette steigt.

Die Digitalisierung der Handelsfinanzierung trägt erheblich zur ökologischen Nachhaltigkeit bei und macht den Handel für aufstrebende Märkte und Unternehmen leichter zugänglich. Durch die Einbindung von Blockchain und anderen digitalen Werkzeugen wird die Handelsfinanzierung effizienter, reduziert Kosten und Umweltbelastungen und ebnet den Weg für ein nachhaltigeres Handels-Ökosystem, das auch schwächeren Handelsparteien (KMU) und kleineren Ländern die Teilnahme am Welthandel ermöglicht.

Den Handel grüner machen

Mit der Umstellung des Welthandels von traditionellen Bargeldtransaktionen auf digitale Ökosysteme vollzieht sich in der Handelsfinanzierungsbranche ein tiefgreifender Wandel, der die Abhängigkeit von veralteten papiergestützten Verfahren aufhebt. Dieser Wandel wird durch gesetzliche und regulatorische Reformen vorangetrieben, die nun den Austausch von digitalen Handelsdokumenten und -daten erleichtern. Länder wie die Vereinigten Arabischen Emirate, Singapur und das Vereinigte Königreich haben eine Vorreiterrolle übernommen mit wegweisenden Initiativen wie dem Model Law on Electronic Transferable Records (MLETR) und dem Electronic Trade Documents Act 2023 im Vereinigten Königreich, die neue Standards für den digitalen Handel setzen.

Dieser Wandel modernisiert die Handelsfinanzierung und spielt eine entscheidende Rolle dabei, den globalen Handel umweltfreundlicher zu gestalten. Der verringerte ökologische Fußabdruck in Verbindung mit der verbesserten Zugänglichkeit für KMU weltweit unterstreicht, wie digitale Fortschritte eine Zukunft mit mehr Nachhaltigkeit und breiterem Zugang zum internationalen Handel gestalten. Bei diesen Innovationen handelt es sich nicht nur um Trends, sondern um notwendige Entwicklungen, die dem dringenden Bedarf an verantwortungsvollen und innovativen Handelspraktiken angesichts des Klimawandels Rechnung tragen.

Darüber hinaus können Lieferanten, die bestimmte Umweltziele erfüllen, jetzt günstigere Zinssätze erhalten, was branchenübergreifend zu positiven Veränderungen führt. Auch wenn die Zukunft von ESG nicht allein in der Handelsfinanzierung liegt, spielt die Branche eine entscheidende Rolle bei der Erreichung von Nachhaltigkeitszielen. Wie Duncan Lodge, Global Head of Traditional Trade (globaler Leiter des traditionellen Handels) bei der Bank of America, es ausdrückte: »Interessant an der Handelsfinanzierung ist, dass normalerweise etwas passieren muss, bevor jemand bezahlt wird, zum Beispiel die Vorlage eines Dokuments im Rahmen eines Akkreditivs oder die Aufnahme eines Lieferanten in ein Programm zur Finanzierung der Lieferkette, so dass es eine Reihe natürlicher Kontrollen gibt. Wir haben zwar spezielle ESG-Lösungen, aber die herkömmliche Handelsfinanzierung kann ohne Weiteres zur Unterstützung von ESG-Aktivitäten in allen Bereichen eingesetzt werden.«

Von Akkreditiven für die Beschaffung von Holzpellets für Biomassekraftwerke bis zu Leistungsgarantien für Windparkprojekte, die von Exportkreditagenturen gefördert werden, ist ESG zu einem entscheidenden Bestandteil jedes Geschäftsmodells für Handelsfinanzierungen geworden.

Die Handelsfinanzierung treibt die ESG-Umsetzung voran

Handelsfinanzierung hat sowohl einen direkten als auch einen indirekten Einfluss auf die Realwirtschaft. Wenn Anbieter von Handelsfinanzierung wie kaufmännische Unternehmen und Banken persönliche Beziehungen auf den wichtigsten Rohstoffmärkten aufbauen, bieten sie unschätzbare Einblicke und Marktinformationen, die wiederum zu besseren Kreditentscheidungen führen. Dies führt zu besseren Renditen und zu weniger Verlusten für die eigentlichen Investoren.

Diese Geschäftsbeziehungen ermöglichen es den Kreditgebern, direkt mit KMU in Kontakt zu treten und durch aktives Engagement ESG in der Handelsfinanzierung zu fördern. In Asien und Afrika wird Handelsfinanzierung am stärksten genutzt, weshalb diese Länder höchste Priorität in Bezug auf die ESG-Entwicklung haben. Sie befinden sich in einer erstklassigen Position, um die Ziele für nachhaltige Entwicklung der Vereinten Nationen zu erreichen: eine angemessene Unternehmensorganisation und die Transparenz zu fördern, Kinder- und Sklavenarbeit abzuschaffen und Diskriminierung zu beseitigen.

Eine nachhaltige Zukunft gestalten

Da die Unternehmen der Nachhaltigkeit zunehmend Priorität einräumen, muss sich die globale Handelsfinanzierung weiterentwickeln, um den Anforderungen von Umwelt-, Sozial- und Unternehmensführungskriterien gerecht zu werden. ESG-orientierte Handelsfinanzierung geht über die Erleichterung von Transaktionen hinaus. Sie trägt zu einer nachhaltigen Entwicklung bei, indem sie Investitionen in Projekte mit positiven ökologischen und sozialen Auswirkungen lenkt.

Einige multinationale Finanzinstitute ermöglichen umfangreiche ESG-kompatible Finanzierungen und Investitionen, wobei ein erheblicher Prozentsatz in grüne und nachhaltige Aktivitäten fließt. Durch die Finanzierung von Projekten zur Verbesserung der Energieeffizienz, zur Abfallvermeidung und zur Förderung der Nutzung von erneuerbaren Energien kann die Handelsfinanzierung zur ökologischen Nachhaltigkeit beitragen und gleichzeitig potenziell solide finanzielle Erträge liefern. Darüber hinaus sind die sozialen Auswirkungen der Handelsfinanzierung mannigfaltig. Die Schließung der Handelsfinanzierungslücke trägt zur Armutsbekämpfung bei, indem sie mehr Unternehmen – insbesondere in einkommensschwachen Ländern – in die Lage versetzt, am Welthandel teilzunehmen, mehr Arbeitsplätze zu schaffen und den Zugang zu wichtigen Gütern zu verbessern. Diese Auswirkungen sind besonders wichtig für kleine und von Frauen geführte Unternehmen, die unverhältnismäßig stark von der Handelsfinanzierungslücke betroffen sind. Die Handelsfinanzierung fördert integrativere und gerechtere Volkswirtschaften, unterstützt diese Unternehmen und trägt zur globalen sozialen und wirtschaftlichen Entwicklung bei.

Einige Beispiele

Im April 2019 führten HSBC und Walmart gemeinsam ein Programm zur nachhaltigen Finanzierung der Lieferkette ein, bei dem der Finanzierungszinssatz eines Lieferanten an sein Verhalten im Hinblick auf Nachhaltigkeitsziele gekoppelt ist. Die Rabobank hat für ihre Kreditnehmer spezifische ESG-Leistungskennzahlen (Key Performance Indicators, KPIs) festgelegt. Diese KPIs werden jedes Jahr überprüft, und wenn der Kreditnehmer die Zielvorgaben erfüllt, profitiert er von einem reduzierten Finanzierungssatz, der von Kreditnehmern subventioniert wird, die die KPIs nicht erfüllen und deshalb höhere Finanzierungszinsen zahlen müssen.

Im Bericht über die Finanzierung der nachhaltigen Entwicklung von 2021 haben die Vereinten Nationen deutlich gemacht, dass es von entscheidender Bedeutung ist, die Lücken in der Handelsfinanzierung zu schließen, die sich stark auf die KMU auswirken und die Exporteure daran hindern, Handelschancen zu ergreifen. Ein Equality Progress Sustainability Bond (EPSB, eine »Gleichstellungs-Fortschritts-Nachhaltigkeits-Anleihe«) optimiert die Finanzierung durch Kostensenkung, wenn er mit einer besseren ESG-Leistung in den Lieferketten der Unternehmen verbunden ist.

Unternehmens- und Privatanleger sowie Unternehmenslenker müssen wissen, wie sie von ESG im Handel profitieren können, um diese Standards umzusetzen und ihre Ressourcen zusammen mit anderen Anlageklassen besser aufzuteilen. Um dies zu erreichen, ist es wichtig, dass eine ESG-Strategie angemessen umgesetzt und ausgeführt wird.

Handelsfinanzierung als Anlageklasse war lange Zeit nicht verfügbar, zumindest nicht für den gewöhnlichen Anleger, der sich auf die Empfehlung seines Bankers verlässt. Aber die Nachfrage nach Kapital in der Waren- und Dienstleistungsbranche hat zugenommen und die Banken sind nicht bereit, ihr Engagement zur Finanzierung dieser neuen Nachfrage zu erhöhen – nach den Basler Vereinbarungen ist ihnen das sogar untersagt. Von entscheidender Bedeutung ist ein starkes Team, das in der Lage ist, wertvolle Partnerschaften über Branchen und Netzwerke hinweg aufzubauen und auf diese Weise wertvolle Einblicke in den Markt zu gewinnen.

Fallstudie: Kakao aus Ghana

Wie schafft Handelsfinanzierung einen Mehrwert für Gesellschaft und Wirtschaft? Eine publizierte Fallstudie könnte die Antwort auf diese Frage liefern. Ghana und die Elfenbeinküste sind weltweit führend in der Kakaoproduktion, und in Ländern wie diesen verfügen die Kleinbauern, die Kakao anbauen, über ein hohes Maß an Fachwissen in allen Bereichen, die mit der Ernte zusammenhängen. Aber oft fehlt es ihnen an Geschäftsverbindungen und starken Netzwerken. Die Handelsfinanzierung steigert die Produktivität und das Produktionsniveau.

Die Firma Touton ist seit über 25 Jahren in der Elfenbeinküste und in Ghana tätig. Seit mittlerweile acht Jahren arbeitet sie mit der Eurofin Asia Group Pte. Ltd (EFA) zusammen, einem unabhängigen Vermögensverwalter mit Sitz in Singapur, der sich auf Strategien zur Beschaffung von Kapital und Finanzmitteln für private Schuldner spezialisiert hat. Touton nutzt die Dienste der EFA, um den Kleinbauern, die die Kakaoplantagen in Ghana bewirtschaften, bessere Chancen zu bieten. Touton hat außerdem beeindruckende Programme wie das Ghana-Nachhaltigkeitsprogramm

2008 und einen Plan für die Entwicklung der landwirtschaftlichen Betriebe ins Leben gerufen, um den Kleinbauern zu helfen, ihre Ziele zu erreichen.

Touton hat mit diesen Initiativen eine bemerkenswerte Wirkung erzielt und fast 80 000 Landwirten in beiden Ländern geholfen. Den Landwirten werden unternehmerische Fähigkeiten vermittelt, und ihre Aufmerksamkeit wird auf Ideen zur Bodensanierung und zum Anbau von Mischkulturen gelenkt. In diesem Verständnis ist das Land eine heilige Ressource, ein solches Konzept verhindert eine Übernutzung und sorgt für eine Diversifizierung in Richtung Cash Crops (leicht verkäufliche Pflanzen, die für den Markt angebaut und geerntet werden, wie Gemüse, Baumwolle oder Tabak).

Durch die enormen Bemühungen, nachhaltige Beziehungen zu den Landwirten aufzubauen, erzielt Touton bessere Ergebnisse und schafft mehr Arbeitsplätze vor Ort. Außerdem erwerben die Landwirte auf diese Weise wertvolle Fähigkeiten.

In mehreren Bereichen hat die Handelsfinanzierung das allgemeine Unternehmensumfeld verbessert und zu einem höheren Maß an Nachhaltigkeit geführt. Sie hat den Produzenten vor Ort bessere Fähigkeiten und mehr Einkommensmöglichkeiten verschafft. Die sich verändernde Dynamik der Märkte, sowohl der Industrie- als auch der Finanzmärkte, lässt vermuten, dass die Nachfrage nach einer solchen Praxis in der Handelsfinanzierung in Zukunft nur noch zunehmen wird.

Unterstützung durch multilaterale Institutionen

Die Unterstützung durch große Finanzinstitute ist entscheidend für die weltweite Verbreitung von Factoring als zuverlässiges Instrument der Handelsfinanzierung. So hat sich beispielsweise das Legal Transition Programme der Europäischen Bank für Wiederaufbau und Entwicklung auf die Verbesserung des rechtlichen Rahmens für Factoring konzentriert, mit besonderem Schwerpunkt auf der Förderung des UNIDROIT-Modellgesetzes für Factoring.

Es wird erwartet, dass sich die verbreitete Einführung von Factoring-Gesetzen positiv auf den internationalen Handel und die globalen Märkte auswirken wird, da sie den Unternehmen leichter zugängliche und verlässliche Finanzierungsmöglichkeiten bieten und damit eine stärkere Beteiligung an den globalen Lieferketten fördern. Leider machen regionale und internationale Regulierungen solchen Versuchen der Marktbeteiligung oft einen Strich durch die Rechnung.

Wie geht es weiter?

Der weltweite grüne Finanzmarkt wird schätzungsweise von 4,18 Billionen Dollar im Jahr 2023 auf 28,7 Billionen Dollar im Jahr 2033 anwachsen, was die zunehmende Bedeutung der Nachhaltigkeit im Finanzwesen unterstreicht. Die Handelsfinanzierung wird bei diesem Wandel eine zentrale Rolle spielen.

Es wird erwartet, dass der Fokus auf ESG in der Handelsfinanzierung aufgrund des Regulierungsdrucks und der wachsenden Nachfrage der Investoren nach einem nachhaltigen Vorgehen zunehmen wird. Ein wichtiger Trend ist die zunehmende Bedeutung von Transparenz und verantwortungsvoller Ressourcenbeschaffung. Unternehmen müssen zunehmend nachweisen, dass ihre Lieferketten frei von Umweltschäden, Menschenrechtsverletzungen und sonstigen unethischen Praktiken sind. Dieser Wandel wird wahrscheinlich mit strengeren Berichtsstandards einhergehen, die eine detailliertere Offenlegung der ESG-Leistung erfordern.

Ein weiterer wichtiger Trend ist das Aufkommen von Impact Investing in der Handelsfinanzierung, bei dem Investoren aktiv nach Gelegenheiten suchen, die sowohl finanzielle Erträge als auch positive soziale oder ökologische Ergebnisse erzielen. Dieser Ansatz gestaltet die Anlagestrategien neu und ermutigt die Unternehmen zu Innovationen und zur Einführung nachhaltigerer Geschäftsmodelle.

Durch die Ausrichtung an ESG-Grundsätzen unterstützt die Handelsfinanzierung einzelne Unternehmen und trägt zur Entwicklung einer nachhaltigeren und widerstandsfähigeren Weltwirtschaft bei.

KAPITEL 8

NEUERE ENTWICKLUNGEN: DEFI UND BLOCKCHAIN IN DER HANDELSFINANZIERUNG

Die Welt verändert sich schnell und die Handelsfinanzierung bildet da keine Ausnahme. Die Aussagen in diesem Kapitel könnten aufgrund der rasanten Entwicklungen in diesem Sektor schnell überholt sein. Die jüngsten Innovationen haben die Art und Weise, wie Geschäfte abgewickelt werden, erheblich verändert, wobei sich das dezentrale Finanzwesen (DeFi) als revolutionäre Kraft erwiesen hat, die durch die Blockchain-Technologie angetrieben wird. Gehen wir der Frage nach, wie diese Entwicklungen die Landschaft der Handelsfinanzierung umgestalten.

In den letzten Jahren hat das dezentrale Finanzwesen (DeFi) die Branche revolutioniert und durch die Blockchain-Technologie und intelligente Verträge (smart contracts) eine nie dagewesene Transparenz, Effizienz und Zugänglichkeit geschaffen. Diese Innovationen öffnen neue Türen für Investoren und verändern die weltweite Handelsfinanzierung. Dieses Kapitel beleuchtet die wichtigsten Entwicklungen, die die Zukunft der Branche bestimmen.

Eine der stärksten Eigenschaften der Blockchain ist ihre Fähigkeit, Transaktionen und den Austausch von Daten auf transparente Weise in einem gemeinsam genutzten Hauptbuch (shared ledger) für nicht miteinander verbundene Parteien zu ermöglichen. Diese Technologie ermöglicht es ebenfalls, dass die verschiedenen Komponenten eines Handelsgeschäfts – Dokumente, Zahlungen und Logistik – synergetisch und nicht sequentiell funktionieren, wodurch der gesamte Prozess rationalisiert wird.

Das alte System der Handelsfinanzierung war mit erheblichen Verzögerungen verbunden, da jeder Schritt abgeschlossen sein musste, bevor die nächste Stufe erreicht werden konnte. Dadurch geriet der gesamte Prozess oft ins Stocken, während die Dokumente geprüft und weitergeleitet wurden. Mit der Integration der Blockchain-Technologie in das Fintech-System wurden diese Engpässe beseitigt. Die Transaktionen sind nun verschlüsselt, sicher und vor allem transparent. Es braucht nun keine unabhängigen Vermittler mehr zur Überprüfung und Erleichterung von Transaktionen. Das hat sich erledigt, was das System effizienter macht.

Die Zukunft der Handelsfinanzierung liegt in Fintech-Lösungen, die Due-Diligence-Prüfungen und Finanzierungsvereinbarungen rationalisieren. Mit der Blockchain können Finanzierungsvereinbarungen durch intelligente Verträge automatisch mit den entsprechenden Banken geteilt werden. Damit wird der Prozess, der einst zwei Wochen in Anspruch nahm, auf einen einzigen Schritt reduziert: einen Knopfdruck. In Echtzeit kann die Bank eines Importeurs Kaufverträge prüfen, Kreditkonditionen ausarbeiten und die Zahlungsverpflichtung an die Bank des Exporteurs übermitteln – alles innerhalb des Blockchain-Ökosystems.

Exportbanken können Zahlungsverpflichtungen sofort überprüfen und genehmigen. Nach der Genehmigung werden »smart contracts« auf der Blockchain erzeugt. Der Exporteur unterzeichnet das Blockchain-Äquivalent eines Akkreditivs, wodurch der intelligente Vertrag eingerichtet und die erste Lieferung automatisch geplant wird.

Die Effizienz erstreckt sich auch auf Zollkontrollen. Mithilfe der Blockchain können Dritte, zum Beispiel Zollbeamte, sowohl in Export- als auch in Importhäfen auf dieselben digitalen Dokumente zugreifen, wodurch die Notwendigkeit einer Vielzahl von Papieren entfällt. Bei der Lieferung prüft der Importeur die Waren und gibt sie, wenn er zufrieden ist, über die Blockchain frei, was die automatische Freigabe der Zahlung auslöst.

Diese größere Transparenz kommt auch den internationalen Regulierungsbehörden zugute, um die Einhaltung von Vorschriften zu überwachen, internationale Bestimmungen durchzusetzen und möglichen Betrug aufzudecken. Händler, Finanziers und Aufsichtsbehörden müssen sich nicht mehr auf manuelle Aktualisierungen verlassen – sie werden automatisch über die Blockchain über jeden Schritt benachrichtigt, der abgeschlossen wurde.

Der Prozess der Disintermediation – das Entfernen eines Mittelsmannes – kommt auch den Banken zugute, die an der Ausstellung von Akkreditiven beteiligt sind. Dank moderner Technik müssen die Banken kein Risiko mehr eingehen. Stattdessen geht das Risiko auf das investierende Unternehmen, zum Beispiel Artis, oder auf den unterstützenden Kreditversicherer über.

Bei Artis ist unsere Strategie zur Risikominderung fest in der Praxis verankert. Blockchainbasierte Verträge tragen zur Verringerung des Kontrahentenrisikos bei, indem sie Anlegern den Zugang zu Frachtbriefen ermöglichen – also Rechtsdokumenten, die von Spediteuren ausgestellt werden und in denen die zu versendenden Waren detailliert aufgeführt sind. Ein Frachtbrief bescheinigt, dass eine bestimmte Fracht bereits finanziert wurde und sich auf dem Weg zu ihrem Bestimmungsort befindet. Dieser digitale Ansatz beseitigt das Risiko von doppelten Ausgaben oder Doppelfinanzierungen, ein verbreitetes Problem in der Handelsfinanzierungsbranche, und verringert das Betrugspotenzial erheblich.

Am meisten überzeugt bei dieser Technologie die Möglichkeit der automatischen Abrechnung, die die Transaktionsgebühren reduziert. Mit einem einfachen Klick und einer digitalen Unterschrift bei der Lieferung der Waren wird die Zahlung automatisch an den Exporteur weitergeleitet. Dadurch entfällt nicht nur unnötiger Papierkram, sondern es werden auch die Transaktionskosten gesenkt.

Fintech hat Artis erhebliche Wachstumschancen eröffnet. Die Handelsfinanzierungsbranche entwickelt sich weiter und diejenigen, die Fintech nutzen, werden am meisten davon profitieren.

Transformation der Handelsfinanzierung mit DeFi: Eine neue Ära für Investoren

Dezentrale Finanzierungsplattformen gehen über das Paradigma des hohen Risikos und der hohen Rendite hinaus und definieren die Zugänglichkeit und Effizienz des Welthandels neu. DeFi-Plattformen sind in der Lage, die Handelsfinanzierung neu zu gestalten, indem sie die Zugangshürden für ein breiteres Spektrum von Investoren senken und gleichzeitig die Transparenz erhöhen. Sehen wir uns einmal genauer an, wie sie das tun und welche Herausforderungen sie mit sich bringen.

DeFi-Kreditvergabe versus herkömmliche Kreditvergabe

Sowohl die DeFi-Kreditvergabe als auch die herkömmliche Kreditvergabe erleichtern den internationalen Zugang zu verschiedenen Anlagemöglichkeiten. Doch hier enden die Gemeinsamkeiten auch schon.

Bei der DeFi-Kreditvergabe handelt es sich um eine Peer-to-Peer-Kreditvergabe unter Verwendung von Krypto-Vermögenswerten, die das Potenzial für hohe Renditen durch die Wertsteigerung des zugrunde liegenden Tokens mit unterschiedlichen Volatilitätsgraden bietet. Bei der herkömmlichen Kreditvergabe werden Fiat-Währungen wie US-Dollar, Pfund und Yen verwendet. DeFi-Kreditverträge sind wesentlich komplexer und umfangreicher und erfordern besondere rechtliche Kenntnisse im Kryptobereich sowie eine zusätzliche Prüfung und Strukturierung.

DeFi-Kreditvergabe zieht Anleger an, die höhere Renditen anstreben. Das zugrunde liegende Kryptorisiko ist direkt mit dem Coin oder Token verbunden. Stablecoins sind mit der Volatilität der zugrunde liegenden Währung verbunden. Im Gegensatz dazu können andere Kryptoanlagen eine höhere Volatilität aufweisen. Die herkömmliche besicherte Kreditvergabe eignet sich für institutionelle Anleger, mittelständische Unternehmen und Privatpersonen, die stabile, unkorrelierte Renditen mit kurzer Laufzeit erzielen möchten.

Schließlich variiert die DeFi-Kreditvergabe in Abhängigkeit von den nationalen Krypto-Bestimmungen, was Investitionen beim Wechsel von einer Krypto-Plattform oder -Börse zu herkömmlichen Banken erschweren kann. Besicherte Kreditvergabe auf Basis einer Fiat-Währung gewährleistet in der Handelsfinanzierung die Einhaltung etablierter regulatorischer Rahmenbedingungen und fördert das Vertrauen der Anleger und die Einhaltung der Gesetze.

Die Vorteile von DeFi in der Handelsfinanzierung

DeFi bietet eine ganze Reihe von Vorteilen bei der Handelsfinanzierung. Lassen Sie uns diese zusammenfassen:

- **Niedrigere Eintrittsbarrieren:** Investitionen in die Handelsfinanzierung erfordern viel Kapital, was den Zugang oft auf institutionelle oder professionelle Anleger beschränkt. DeFi-Plattformen demokratisieren den Zugang, indem sie kleinere Beträge akzeptieren, sodass mehr Teilnehmer investieren können. So gewähren beispielsweise regulierte alternative Investmentfonds nur qualifizierten oder professionellen Anlegern Zugang, und die Mindesteinlage liegt in der Regel im sechsstelligen Bereich. Bei regulierten DeFi-Plattformen können Anleger bereits ab 100 US-Dollar über den speziellen DeFi-Investmentpool einsteigen, wodurch sich die Beteiligungsmöglichkeiten erheblich erweitern. Während die Kapitalanforderungen niedriger sind, erfordert die Investition über diese Plattformen eine gewisse technische Affinität und Vertrautheit mit Wallets. Anleger müssen sich formell mit Ihrer ID auf einer regulierten DeFi-Plattform anmelden und dann Ihre Wallet damit verknüpfen, um zu investieren.

- **Verbesserte Transparenz:** Bei herkömmlichen Handelsfinanzierungsgeschäften mangelt es oft an Echtzeit-Transparenz. Die Blockchain-Technologie, auf der die DeFi-Welt beruht, verbessert die Transparenz und gewährleistet die Einsicht in Transaktionen und die Kreditwürdigkeit von Darlehensnehmern. Anleger können auf unveränderliche Aufzeichnungen in der Blockchain zugreifen, die einen transparenteren und aktuelleren Überblick über die finanzielle Gesundheit und die Transaktionshistorie bieten.

- **Effiziente Investmentprozesse:** Intelligente Verträge automatisieren und beschleunigen die Abläufe, was die Abwicklungszeiten verkürzt und die Betriebskosten durch den Wegfall von Vermittlern senkt. Dies führt zu nahtloseren Transaktionen. DeFi-Plattformen verbessern die Anlageeffizienz, indem sie jederzeit weltweite Transfers ermöglichen.

- **Globale Reichweite:** Kleine Handelsfinanzierer, zu denen auch wir gehören, konzentrieren sich oft auf spezielle Branchen oder Regionen, in denen sie über besonderes Know-how verfügen, und vermeiden komplexe grenzüberschreitende Transaktionen. Die sich entwickelnden unterschiedlichen regulatorischen Rahmenbedingungen in den verschiedenen Ländern verlangen von den Anlegern, vorsichtig zu sein, was die Notwendigkeit eines Bewusstseins für Chancen und Risiken, auch im DeFi-Sektor, unterstreicht.

- **Verbessertes Kreditrisikomanagement:** DeFi-Plattformen mindern das Kreditrisiko gerne durch Übersicherung, bei der die Kreditnehmer Sicherheiten stellen müssen, die den Kreditbetrag übersteigen. Wenn sich beispielsweise ein Handelsfinanzierungsfonds 100 000 US-Dollar von einer DeFi-Plattform leiht, muss er den Kredit vielleicht mit realen Vermögenswerten im Wert von 130 000 Dollar absichern. Dieser Ansatz verringert die Abhängigkeit des Kreditgebers von der Marktvolatilität und erhöht die Sicherheit für die Anleger.

Die Risiken und Herausforderungen von DeFi in der Handelsfinanzierung

DeFi-Plattformen bieten zwar Vorteile für die Handelsfinanzierung, aber sie bergen auch Herausforderungen und Risiken, die Anleger berücksichtigen sollten:

- **Regulatorische Unsicherheit:** Die DeFi betreffenden Regulierungen stecken noch in den Kinderschuhen. Das Fehlen weltweit einheitlicher Vorschriften kann Investitionen erschweren, da Plattformen möglicherweise unterschiedliche rechtliche Anforderungen erfüllen müssen, was ihre Stabilität und Legalität beeinträchtigen kann.

- **Fachkenntnisse erforderlich:** Um sich im DeFi-Bereich zurechtzufinden, benötigen die Anleger oft spezielle Kenntnisse. Bevor Sie sich engagieren, sollten Sie die Blockchain-Technologie, »smart contracts« und die spezifischen Mechanismen von DeFi-Plattformen verstehen. Dies kann die Zugänglichkeit einschränken für weniger technikaffine Anleger, die an einen eher analogen Ansatz gewöhnt sind.

- **Marktvolatilität und Liquiditätsprobleme:** Während eine Übersicherung das Risiko mindert, ist der Wert von Kryptowährungen volatil, selbst bei Stablecoins, die an den Marktwert einer Basiswährung gekoppelt sind, wie Tether (USDT), ein an den US-Dollar gekoppelter Stablecoin.

- **Betriebs- und Sicherheitsrisiken:** Die Technologie, die DeFi zugrunde liegt, ist noch relativ neu und kann anfällig für Probleme im Betrieb und für Sicherheitsschwachstellen sein. Programmfehler in den intelligenten Verträgen und Plattform-Exploits können zu erheblichen Verlusten für die Anleger führen, wenn sich niemand angemessen darum kümmert. Die Anleger sollten die DeFi-Vertragspartner, von denen einige eine hervorragende Erfolgsbilanz aufweisen, mit der gebotenen Sorgfalt prüfen.

DeFi-Plattformen könnten dazu beitragen, die Handelsfinanzierungslücke zu schließen

Die DeFi-Plattformen zeigen, dass die Blockchain-Technologie sichere, transparente und effiziente Finanzdienstleistungen und Geldtransfers für die Handelsfinanzierung ermöglichen kann.

Durch die Verwendung von alternativen Datenquellen wie Transaktionshistorien und digitalen Fußabdrücken anstelle von herkömmlichen Kreditscores ermöglichen DeFi-Plattformen einem breiteren Spektrum von Unternehmen, sich für eine Finanzierung zu qualifizieren, insbesondere in kleineren Märkten. Diese integrative Strategie wirkt sich auf das Wirtschaftswachstum und die Entwicklung aus.

Durch die Tokenisierung von Forderungen aus Lieferungen und Leistungen oder anderen Vermögenswerten erhöhen DeFi-Plattformen die Liquidität und erweitern den Pool potenzieller Investoren. Diese Entwicklung trägt dazu bei, den Zugang zu Handelsfinanzierungen zu demokratisieren und Anlegern mit weniger Kapital ein entsprechendes Investment zu ermöglichen.

Schließlich ist DeFi in der Lage, die geschätzte Handelsfinanzierungslücke von 2,6 Billionen Dollar schneller zu schließen, als dies mit herkömmlichen Methoden möglich wäre. Seine internetbasierte Struktur rationalisiert Prozesse und beseitigt seit Langem bestehende Hindernisse. Das stellt einen wichtigen Meilenstein dar, bei dem die Digitalisierung herkömmliche Finanzmodelle übertrifft. Die Einbeziehung von DeFi könnte eine neue Ära einläuten, in der eine bessere finanzielle Integration und technische Innovation zusammenkommen und die Dynamik des Welthandels tiefgreifend verändern.

KAPITEL 9

ARTIS' WACHSENDER RAUM FÜR GESCHÄFTE: ERKUNDUNG DES HANDELS IN SAUDI-ARABIEN

Im Jahr 2017 verkündete der saudische Kronprinz Mohammed bin Salman seine kühne Vision: »Der Nahe Osten wird das neue Europa« und gab damit den Ton an für die große »Vision 2030« des Landes. Diese umfassende Initiative zielt darauf ab, die Wirtschaft Saudi-Arabiens zu diversifizieren, seine Abhängigkeit vom Öl zu verringern und das Königreich zu einem globalen Investitionszentrum zu machen. Die Handelsfinanzierung steht im Mittelpunkt dieses Wandels und ist eine wichtige Stütze für den Aufstieg Saudi-Arabiens zu einem regional und global führenden Wirtschaftsland.

Im Mittelpunkt der »Vision 2030« stehen die Bemühungen des Königreichs, eine nachhaltigere und besser diversifizierte Wirtschaft zu schaffen, die Direktinvestitionen aus dem Ausland anzieht und das Wachstum des Privatsektors fördert. Diese Verlagerung von einer ölzentrierten Wirtschaft hin zu Sektoren wie Fertigung, Logistik, Technologie und erneuerbare Energien erfordert ein effizientes Finanzsystem. Darin spielt die Handelsfinanzierung eine grundlegende Rolle, weil sie die Liquidität, die Risikominderung und die wirtschaftlichen Mechanismen bereitstellt, die den grenzüberschreitenden Handel und die grenzüberschreitenden Investitionen unterstützen und es den Unternehmen ermöglichen, reibungslos auf den internationalen Märkten zu agieren.

Die Handelsfinanzierung in Saudi-Arabien hat nicht nur das Wachstum der Exporte außerhalb des Ölsektors angekurbelt. Sie hat den Weg für Handelskorridore weltweit geebnet und die Position des Königreichs im internationalen Handel gestärkt. Als größte Volkswirtschaft des Golf-Kooperationsrates (Gulf Cooperation Council, GCC) legt Saudi-Arabien mit seiner Konzentration auf technische Innovationen und Finanzreformen den Grundstein für eine widerstandsfähigere, vernetzte Wirtschaft, in der die Handelsfinanzierung die wichtigste Stütze ist.

Saudi-Arabiens wirtschaftliche Powerhouse-Strategie: Wachstum durch Handelsfinanzierung

Das Königreich Saudi-Arabien spielt eine zentrale Rolle bei der Gestaltung der wirtschaftlichen Landschaft der Region. Im Jahr 2024 belief sich das Bruttoinlandsprodukt Saudi-Arabiens auf etwa 1 Billion US-Dollar und trug fast 30 Prozent zu den kombinierten Ein- und Ausfuhren des Golfkooperationsrates bei. Diese wirtschaftliche Dominanz wird durch die enormen natürlichen Ressourcen, die strategische Lage und die zukunftsorientierte Investitionspolitik des Königreichs untermauert. Die Handelsfinanzierung erleichtert den reibungslosen grenzüberschreitenden Waren- und Kapitalverkehr, gewährleistet Liquidität, verringert die mit dem weltweiten Handel verbundenen Risiken erheblich und trägt so zur Stabilität der saudischen Wirtschaft bei.

Das robuste Handelsfinanzierungssystem Saudi-Arabiens hat die Infrastruktur geschaffen, die für die Aufrechterhaltung der grenzüberschreitenden Handelsströme erforderlich ist, die wiederum für die Diversifizierung der Wirtschaft von entscheidender Bedeutung sind. Das Saudi Export Program (SEP) bietet Exporteuren Finanzierungslösungen, die sicherstellen, dass sie auf den internationalen Märkten wettbewerbsfähig sind, und die gleichzeitig die Risiken im Zusammenhang mit Wechselkursschwankungen und Zahlungsverzögerungen minimieren. Diese Initiativen ermöglichten es saudischen Unternehmen, sich stärker in globale Wertschöpfungsketten zu integrieren, wobei die Handelsfinanzierung eine wesentliche Rolle gespielt hat.

Diversifizierung jenseits des Öls: Neue Handelshorizonte

Jahrzehntelang war die Wirtschaft Saudi-Arabiens stark vom Ölexport abhängig, der über 70 Prozent der Staatseinnahmen ausmachte. Sektoren wie neuartige Fertigung, Tourismus, Logistik und erneuerbare Energien sind entscheidend, um die Anfälligkeit der Wirtschaft für Schwankungen des Ölpreises zu verringern und eine nachhaltigere, diversifizierte ökonomische Basis zu schaffen.

Die Hightech-Produktionsbranche, ein wichtiger Wachstumsbereich im Rahmen von »Vision 2030«, ist in hohem Maße auf hochentwickelte Handelsfinanzierungsprodukte wie Factoring, Akkreditive, Lieferkettenfinanzierung und Exportkreditversicherungen angewiesen. Diese Instrumente helfen den Herstellern, sich Materialien zu sichern, mit Zahlungsrisiken umzugehen und die rechtzeitige Lieferung von Waren über Grenzen hinweg zu gewährleisten, was einen reibungslosen Handel erleichtert.

Der Anstieg von Projekten im Bereich der erneuerbaren Energien – wie Solar- und Windparks und die Produktion von grünem Wasserstoff – wurde durch Projektfinanzierung und grüne Handelsfinanzierungsprojekte vorangetrieben, die Saudi-Arabien bei der Umstellung auf einen nachhaltigeren Energiemix unterstützen. Das Engagement Saudi-Arabiens für Nachhaltigkeit zeigt sich in seinen Investitionen in grüne Projekte wie NEOM, eine 500 Milliarden Dollar teure intelligente Stadt, die weltweit führend im Bereich des nachhaltigen Lebens sein soll. Die Rolle der Handelsfinanzierung bei der Entwicklung dieser Projekte kann gar nicht hoch genug eingeschätzt werden. Erst sie stellt das notwendige Kapital zur Finanzierung von Bauarbeiten, Lieferketten und Technologieimporten bereit. Die »Green Initiative« (»grüne Initiative«) des Königreichs, die 2021 ins Leben gerufen wurde, unterstreicht die Rolle der Nachhaltigkeit bei der Gestaltung der wirtschaftlichen Zukunft Saudi-Arabiens. Die Handelsfinanzierung wird bei der Finanzierung dieser Initiativen eine wichtige Rolle spielen, vor allem durch grüne Anleihen und nachhaltige Finanzprodukte.

Die Logistikbranche, die von entscheidender Bedeutung ist für das Ziel Saudi-Arabiens, eine globale Drehscheibe für Verkehr und Handel zu werden, hat von gezielten Investitionen profitiert, die durch Handelsfinanzierungen unterstützt wurden. Der expandierende Logistik- und Infrastruktursektor Saudi-Arabiens, der durch strategische Projekte wie NEOM und das Red Sea Project unterstützt wird, dürfte die Nicht-Öl-Exporte erheblich steigern. Diese Megaprojekte werden das Königreich als globale Drehscheibe für den Handel positionieren und seine Exportkapazitäten durch die Anbindung an die wichtigsten globalen Handelsrouten verbessern. Der Ausbau einer Infrastruktur von Weltrang, zum Beispiel Häfen und Flughäfen, ist von entscheidender Bedeutung, um die Anbindung des Königreichs an internationale Handelsrouten zu verbessern. Dadurch wird der Waren- und Dienstleistungsverkehr nach und aus Saudi-Arabien weiter gefördert.

Wachstumsprognosen

Die saudi-arabischen Nicht-Öl-Exporte werden den Prognosen zufolge bis 2030 mit einer durchschnittlichen jährlichen Wachstumsrate (Compound Annual Growth Rate, CAGR) von 13 Prozent wachsen, wobei die Gesamtexporte bis zum selben Jahr voraussichtlich 354 Milliarden Dollar erreichen werden. Dieser beeindruckende Wachstumskurs ist das unmittelbare Ergebnis der entschlossenen Bemühungen des Königreichs, seine Wirtschaft zu diversifizieren.

Investitionen in digitale Technologien zur Handelsfinanzierung, einschließlich Blockchain und KI-gestützter Plattformen, treiben dieses Wachstum weiter voran. Diese Technologien verändern die Art und Weise, wie Handelsfinanzierungen abgewickelt werden, und sorgen für schnellere und transparentere Prozesse, die von großem Wert sind vor allem für saudische Unternehmen, die ihre Präsenz auf den globalen Märkten ausbauen wollen. Diese Entwicklung ist von entscheidender Bedeutung, da das Königreich seine Exporte von Hightech-Gütern und Dienstleistungen ausbaut, Sektoren, die flexible, effiziente Finanzierungslösungen erfordern.

Die Rolle der Handelsfinanzierung in »Vision 2030«: Stärkung des Privatsektors

Das Bekenntnis zur wirtschaftlichen Vielfalt steht im Mittelpunkt der saudi-arabischen »Vision 2030«. In »Vision 2030« werden mehrere Kernziele genannt, darunter die Stärkung der Rolle des Privatsektors, die Erhöhung ausländischer Direktinvestitionen und die Steigerung der Nicht-Öl-Exporte.

Ein Hauptziel der »Vision 2030« ist die Förderung eines robusten Privatsektors, der 65 Prozent des BIP erwirtschaften soll. Die Handelsfinanzierung ist ein natürlicher und entscheidender Faktor, der Unternehmen des Privatsektors in die Lage versetzt, neue Märkte zu erschließen und im globalen Wettbewerb zu bestehen. Mit Lösungen wie Lieferkettenfinanzierung, Exportkreditversicherung und Finanzierung von Forderungen aus Lieferungen und Leistungen können saudische Unternehmen ihr Betriebskapital absichern und mit Zahlungsrisiken umgehen, was ihre internationale Expansion erleichtert.

Ein weiterer Treiber der »Vision 2030« ist die Steigerung der ausländischen Direktinvestitionen, die Saudi-Arabien zu einem attraktiven Drehkreuz für internationale Unternehmen machen wird. Vor diesem Hintergrund schafft die Handelsfinanzierung ein stabileres und besser berechenbares Investitionsumfeld und verringert die Risiken grenzüberschreitender Transaktionen. Diese Gewissheit ermutigt ausländische Unternehmen, in Saudi-Arabien aktiv zu werden.

Saudi-Arabien forciert seine Exporte in Sektoren wie Automobilbau, Pharmazeutika und Landwirtschaft, wobei die Handelsfinanzierung die

Instrumente bereitstellt, um die Risiken des Eintritts in neue, oft unbeständige internationale Märkte zu bewältigen.

Der Aufstieg der KMU: Ein neuer Wirtschaftsmotor, der besondere Finanzierungslösungen erfordert

Die KMU sind das Rückgrat der wirtschaftlichen Entwicklung und der Diversifizierungsbemühungen Saudi-Arabiens. In der gesamten MENA-Region (»Middle East and Northern Africa«, Nahost und Nordafrika) machen KMU die überwiegende Mehrheit der Unternehmen aus und beschäftigen einen erheblichen Teil der Arbeitskräfte. Schätzungen zufolge machen sie bis zu 97 Prozent der Unternehmen aus und beschäftigen in einigen Ländern fast 50 Prozent der Arbeitnehmer. In Saudi-Arabien hat sich die Regierung verpflichtet, den Beitrag der KMU zum BIP bis 2030 von 20 Prozent auf 35 Prozent zu erhöhen, da sie das Potenzial des Sektors als Motor für Innovation und die Schaffung von Arbeitsplätzen erkannt hat.

Regierungsinitiativen wie die Plattformen »Funding Gate« (UK) oder »Tamweel« (Saudi-Arabien) der für KMU zuständigen Behörde Monsha'at (»Small and Medium Enterprises General Authority«) haben beeindruckende Ergebnisse erzielt: Die Kreditaufnahme für KMU ist im Vergleich zum Vorjahr um 884 Prozent gestiegen, und es wurden mehr als 2770 Unternehmen unterstützt. Diese Initiativen haben auch die Fristen für die Erbringung von Dienstleistungen erheblich verkürzt, von durchschnittlich 86 Tagen im Jahr 2020 auf nur sieben Tage im Jahr 2021. Trotz dieser Verbesserungen klafft in der MENA-Region nach wie vor eine Finanzierungslücke in Höhe von 123 Milliarden US-Dollar. Das unterstreicht, wie groß die Chancen für Lösungen zur Handelsfinanzierung zur Bewältigung dieser regionalen Herausforderung sind.

Hier kommen neue Technologien wie Banking as a Service (BaaS) und Lending as a Service (LaaS) ins Spiel. Weltweit wird davon ausgegangen, dass BaaS bis 2030 ein Marktvolumen von 7 Billionen US-Dollar generieren wird, was ein erhebliches Potenzial für die Einführung in

Saudi-Arabien als Teil der KMU-Finanzierungsstrategie des Landes darstellt. LaaS ermöglicht es KMU, Finanzierungsanfragen in bestehende ERP-Systeme (Enterprise Resource Planning) zu integrieren, wodurch die Kreditvergabeprozesse erheblich beschleunigt und Verzögerungen im Vergleich zu herkömmlichen Methoden verringert werden.

Der Aufstieg der Nicht-Banken

In den letzten Jahren hat Saudi-Arabien eine Welle von Finanzdienstleistern außerhalb der Bankenwelt erlebt, die die Landschaft der Handelsfinanzierung umgestalten und KMU unterstützen. Diese Akteure, darunter Peer-to-Peer-Kreditplattformen, Crowdfunding-Plattformen und private Kreditgeber, bieten innovative Lösungen, um die Finanzierungslücke zu schließen, mit der KMU konfrontiert sind. Durch die Umgehung herkömmlicher Bankinstitute ermöglichen diese Plattformen den Unternehmen einen schnelleren Zugang zu Kapital und helfen ihnen, Betriebskapital zu sichern sowie ihre Geschäftstätigkeit effizienter zu erweitern.

Peer-to-Peer-Kreditplattformen sind ein immer mehr aufkommender Bestandteil in diesem Wandel, der es KMU zunehmend ermöglicht, direkt auf Finanzmittel eines Netzwerks von privaten und institutionellen Anlegern zuzugreifen. Diese Plattformen ermöglichen es KMU, Kredite ohne die Verzögerungen und die strengen Anforderungen zu erhalten, die normalerweise mit klassischen Banken verbunden sind. Indem sie Unternehmen mit einer Vielzahl von Anlegern zusammenbringen, die nach renditestarken, kurzfristigen Investitionen suchen, demokratisieren diese Plattformen den Zugang zu Finanzmitteln und versetzen Unternehmen jeder Größe in die Lage, Wachstumsprojekte zu finanzieren, den Cashflow zu steuern und ihren Bedarf an Betriebskapital zu decken.

Auch Crowdfunding-Plattformen entwickeln sich zu leistungsfähigen Instrumenten zur Finanzierung von KMU. Diese Plattformen konzentrieren sich auf die Fremd- und Eigenkapitalfinanzierung und ermöglichen es Unternehmen, sich im Austausch gegen Anteile oder Darlehensverträge Mittel von verschiedenen Investoren zu sichern. Dieses

Modell verschafft den KMU die nötige Liquidität und bietet Anlegern die Möglichkeit, sich am Wachstum vielversprechender Unternehmen zu beteiligen. Diese Nicht-Banken-Plattformen sind von entscheidender Bedeutung für die Schließung der 123 Milliarden Dollar schweren Finanzierungslücke bei KMU in der MENA-Region. Dabei profitiert Saudi-Arabien von ihrer Fähigkeit, den Kapitalzugang zu verbessern und die breitere wirtschaftliche Diversifizierung zu unterstützen.

Parallel dazu spielen Private-Equity- und Vermögensverwaltungsgesellschaften eine immer wichtigere Rolle, wenn es darum geht, KMU mit privatem Fremdkapital und alternativen Finanzierungslösungen zu versorgen. Diese Unternehmen konzentrieren sich auf die Finanzierung von Forderungen und das Factoring und ermöglichen es den Unternehmen, Liquidität aus ihren unbezahlten Rechnungen und Forderungen zu gewinnen. Durch das Angebot strukturierter Finanzierungsvereinbarungen beginnen diese Unternehmen, KMU flexible, auf ihre Bedürfnisse zugeschnittene Finanzierungslösungen anzubieten, die die bestehenden bank- und regierungsgestützten Initiativen wie Kafalah ergänzen. Diese Form der Finanzierung ist für Unternehmen wertvoll, die in Sektoren mit langen Zahlungszyklen tätig sind oder für ihre Expansion ein erhebliches Vorlaufkapital benötigen.

Diese Nicht-Banken beginnen, innovative Technologien wie digitale Plattformen, Blockchain und Künstliche Intelligenz zu integrieren, um Prozesse zu rationalisieren, Kosten zu senken und die Transparenz zu erhöhen, wobei mit zunehmender Marktreife weiteres Potenzial für Anwendungen besteht. Durch die Digitalisierung von Handelsdokumenten und die Automatisierung von Risikobewertungen steigern diese Unternehmen beispielsweise die Gesamteffizienz des Finanzierungsprozesses, ermöglichen schnellere Entscheidungen und verringern die mit grenzüberschreitenden Transaktionen verbundenen Risiken.

Das Aufkommen von Finanzierungen durch Nicht-Banken in Saudi-Arabien stellt einen bedeutenden Wandel in der Art und Weise dar, wie sich Unternehmen Zugang zu Finanzmitteln verschaffen, indem es die herkömmlichen Bankdienstleistungen ergänzt und die Möglichkeiten für KMU erweitert. Diese Anbieter fördern die finanzielle Integration, indem sie flexiblere und leichter zugängliche Optionen für Unternehmen anbieten, die traditionell vom Bankensektor unterversorgt sind. Da das Königreich seine Ziele der »Vision 2030« weiter vorantreibt, dürften diese Nicht-Banken-Plattformen eine noch wichtigere Rolle spielen und KMU dabei helfen zu wachsen, Innovationen einzuführen und zur Diversifizierung der saudischen Wirtschaft beizutragen. Indem sie die Finanzierungslücke überbrücken, gestalten sie das Ökosystem der Handelsfinanzierung neu und sorgen dafür, dass Unternehmen jeder Größe die Unterstützung erhalten, die sie brauchen, um auf einem zunehmend wettbewerbsorientierten globalen Markt erfolgreich zu sein.

Regulatorische und staatliche Unterstützung

Die saudi-arabische Regierung hat umfangreiche Maßnahmen ergriffen, um ein günstiges Umfeld für ausländische Investitionen zu schaffen, insbesondere im Bereich der Handelsfinanzierung. Durch Initiativen wie staatlich unterstützte Garantien, Kapitalmarktreformen und die Förderung eines sich entwickelnden Fintech-Ökosystems positioniert sich das Königreich allmählich als attraktives Ziel für internationale Investoren.

Saudi-Arabien hat seine wirtschaftlichen Rahmenbedingungen erheblich verbessert und die Verfahren für ausländische Investoren vereinfacht. Das Ministerium für Investitionen, in dem die Funktionen der früheren SAGIA (Saudi Arabian General Investment Authority) zusammengefasst sind, strafft die Genehmigungs- und Investitionsverfahren und bietet ausländischen Unternehmen eine zentrale Plattform für den Eintritt in den saudischen Markt.

Und schließlich entwickelt sich die saudi-arabische Gesetzeslage weiter, um einen soliden Anlegerschutz zu bieten. Ein Beispiel dafür ist das Insolvenzgesetz von 2018. Dieses Gesetz sieht ein transparenteres Verfahren zur Eintreibung von Forderungen bei Zahlungsausfall vor. Das schafft ein sichereres Umfeld für Gläubiger und fördert das Wachstum des Forderungsfinanzierungssektors weiter. Diese Maßnahmen tragen zu einem stabilen und attraktiven Investitionsklima bei und helfen Saudi-Arabien, sich als wettbewerbsfähiger Standort für internationale Handelsfinanzierungen und Investitionen in Forderungen zu etablieren.

Da Saudi-Arabien sein Ökosystem für Handelsfinanzierungen weiter ausbaut, ergeben sich für ausländische Investoren immer mehr Möglichkeiten. Internationale Unternehmen können sich mit lokalen Firmen zusammentun, um Zugang zum saudischen Markt zu erhalten und staatliche Anreize wie branchenspezifische Steuervergünstigungen, Zollbefreiungen und einen starken Investitionsschutz zu nutzen.

Die günstige Besteuerung in Saudi-Arabien für die lokale und internationale Forderungsfinanzierung

Das steuerliche Umfeld Saudi-Arabiens bietet Investoren erhebliche Vorteile, vor allem bei der Finanzierung von Forderungen. Es trägt auf diese Weise bei zur Attraktivität des Landes als globales Drehkreuz nicht nur für die Handelsfinanzierung. Während dieses Kapitel verfasst wird, besteht ein bemerkenswerter Aspekt des Steuersystems des Königreichs im Fehlen einer persönlichen Einkommensteuer, so dass lokale und ausländische Investoren 100 Prozent ihrer Einkünfte behalten können. Darüber hinaus genießen ausländische Investoren erhebliche Steuervorteile, einschließlich Freibeträge auf Kapitalgewinne aus qualifizierten Finanzinvestitionen. Dies macht die Finanzierung von Forderungen zu einer attraktiven Möglichkeit im Rahmen des Steuersystems im Königreich. Der Körperschaftsteuersatz für Kapitalgesellschaften beträgt pauschal 20 Prozent auf Gewinne. Die »Zakat« hingegen, eine religiöse Steuer, betrifft in erster Linie Staatsangehörige und Unternehmen Saudi-Arabiens und der Staaten des Golf-Kooperationsrats GCC, während Unternehmen in ausländischem Besitz von den normalen Körperschaftsteuer-Regelungen profitieren, was die Attraktivität für internationale Investoren weiter erhöht. Dies schafft ein günstiges steuerliches Umfeld für Unternehmen in ausländischem Besitz, einschließlich Factoring-Gesellschaften.

Die Rückführung von Gewinnen ins Heimatland ist in Saudi-Arabien standardisiert und investorenfreundlich. Sie unterliegt nur minimalen Beschränkungen. Auf bestimmte Zahlungen an Nicht-Ansässige können Quellensteuern erhoben werden, die jedoch durch Saudi-Arabiens umfangreiches Netz von Abkommen zur Vermeidung der Doppelbesteuerung gemildert werden. Saudi-Arabien hat über 50 Doppelbesteuerungsabkommen mit wichtigen Märkten wie den USA, dem Vereinigten Königreich und Deutschland abgeschlossen, die eine Doppelbesteuerung von Einkommen und Kapitalerträgen verhindern. Dies macht grenzüberschreitende Investitionen in die Forderungsfinanzierung sogar noch attraktiver.

Was die Handelsanreize betrifft, so fördert der gemeinsame Außenzolltarif des Golf-Kooperationsrats GCC den zollfreien oder zollarmen Handel innerhalb der GCC-Länder. Dieses unkomplizierte regionale Handelsumfeld schafft einen fruchtbaren Boden für Möglichkeiten zur Forderungsfinanzierung. Darüber hinaus sind staatlich geförderte Programme wie Kafalah und die Saudi Export-Import Bank (EXIM) von entscheidender Bedeutung für die Bereitstellung von Kreditbürgschaften und Exportkreditversicherungen, die das Risiko für Investoren bei der Finanzierung von Forderungen erheblich verringern. Das saudi-arabische Regelwerk ermöglicht flexible Zinssätze und erlaubt es Factoring-Gesellschaften, die Finanzierungsbedingungen direkt mit ihren Kunden abzustimmen und dabei die Finanz- und Scharia-Prinzipien des Königreichs zu beachten.

Fazit: Das Beispiel Saudi-Arabien zeigt, wozu die Handelsfinanzierung in der Lage ist

Der Weg, den Saudi-Arabien mit der »Vision 2030« eingeschlagen hat, spiegelt nicht nur den Ehrgeiz der Region wider, sondern ist auch ein Beweis für die Kraft der Handelsfinanzierung als Motor des wirtschaftlichen Wandels. Dieses Kapitel hat veranschaulicht, wie die Diversifizierungsstrategie des Königreichs von einem dynamischen Ökosystem aus privaten Kreditgebern, Fondsmanagern und innovativen Finanzlösungen geprägt ist, die mit staatlichen Initiativen zusammenarbeiten, um einen nachhaltigen Wandel zu bewirken. Private Akteure sind in dieser Landschaft nicht einfach nur Teilnehmer – sie sind die Katalysatoren, die den grenzüberschreitenden Handel ermöglichen, KMU unterstützen und die Finanzinnovation vorantreiben, die Saudi-Arabiens Zukunft bestimmen wird.

Beim Wandel in Saudi-Arabien, vor allem im Bereich der Handelsfinanzierung, geht es um weit mehr als nur um Binnenwachstum. Er spiegelt ein breiteres, globales Bild wider, in dem die Handelsfinanzierung eine zentrale Rolle bei der Umgestaltung von Volkswirtschaften und der Sicherung der langfristigen Nachhaltigkeit spielt. Die Konzentration des Königreichs auf den Aufbau einer modernen Finanzinfrastruktur, unterstützt durch Digitalisierung und grenzüberschreitende Verbundenheit, schafft eine Plattform für Innovationen, die den weltweiten Handelsstrom in den kommenden Jahren beeinflussen werden. Saudi-Arabien entwickelt sich zu einem wichtigen Akteur in dieser im Entstehen begriffenen Geschichte der internationalen Handelsfinanzierung, und seine Erfahrung bietet ein überzeugendes Beispiel dafür, wie strategische Reformen eine ganze Wirtschaft umkrempeln können.

Dies ist mehr als nur eine Erfolgsgeschichte für Saudi-Arabien: Es ist ein Mikrokosmos dessen, was Handelsfinanzierungen in größerem Maßstab bewirken können – sie erleichtern die wirtschaftliche Diversifizierung, fördern die globale Integration und sind ein Wegbereiter für andere aufstrebende Märkte. Das Königreich positioniert sich als Labor für Finanzinnovationen und bietet wertvolle Lektionen dazu, wie Digitalisierung, Lieferkettenfinanzierung und privates Kapital nachhaltiges Wachstum in einer zunehmend vernetzten Welt fördern können.

Für diejenigen, die den Aufstieg des Königreichs beobachten, ist es besonders interessant, wie die Entwicklung Saudi-Arabiens mit der Zukunft des Welthandels zusammenhängt. Hier geht es nicht um flüchtige Trends oder kurzfristige Gewinne. Vielmehr geht es darum, eine widerstandsfähige, diversifizierte Wirtschaft zu schaffen, die für die Zeit nach dem Öl gerüstet ist – wo die Möglichkeiten der Handelsfinanzierung über Grenzen und traditionelle Branchen hinausgehen. In vielerlei Hinsicht ist Saudi-Arabien ein Paradebeispiel dafür, wie moderne Volkswirtschaften die Handelsfinanzierung nutzen können, um ihre Wirtschaftslandschaft neu zu gestalten, und gibt einen Einblick in die Zukunft des Welthandels.

Letztlich geht es bei dieser Darstellung des Königreichs nicht nur um die Gegenwart – es geht um das Potenzial der Handelsfinanzierung, eine neue Ära des Welthandels zu gestalten. Egal, ob Sie ein Finanzstratege sind, ein Beobachter aufstrebender Märkte oder jemand, der sich für die Entwicklung von Volkswirtschaften interessiert – die Erfahrungen aus Saudi-Arabien bieten unschätzbare Lektionen. Das Zusammenspiel von privater Innovation, staatlich geförderten Initiativen und globaler Integration im Königreich schafft die Voraussetzungen für ein neues Kapitel in der internationalen Handelsfinanzierung, was zweifellos Innovationen und wirtschaftliche Entwicklung fördert.

KAPITEL 10

CHANCEN – WIE MAN IN DIE HANDELSFINANZIERUNG INVESTIERT

Die Handelsfinanzierung umfasst mehrere Komponenten und erfordert oft erhebliches Kapital, was auf den ersten Blick riskant erscheinen mag. Dennoch bleibt die Handelsfinanzierung eine der sichersten Investitionsmöglichkeiten, selbst in Zeiten von Börsenvolatilität.

Im Zuge des Aufschwungs nach der Pandemie hat sich die Handelsfinanzierung zu einer entscheidenden Säule für die Wiederbelebung des Welthandels entwickelt. Dabei werden zunehmend digitale Plattformen eingesetzt, was durch Fortschritte in der Blockchain-Technologie und der Künstlichen Intelligenz vorangetrieben wird. Dieser Umstand hat die Art und Weise, wie Transaktionen abgewickelt werden, revolutioniert und sie schneller, transparenter und sicherer gemacht. Der digitale Wandel hat maßgeblich dazu beigetragen, die Risiken zu mindern, die traditionell mit der Handelsfinanzierung verbunden sind, und bietet eine robustere und effizientere Lösung für Unternehmen, die sich durch die Komplexität des Welthandels bewegen. Da Unternehmen auf der ganzen Welt diese Innovationen übernehmen, spielt die Handelsfinanzierung weiterhin eine Schlüsselrolle bei der Förderung des Wirtschaftswachstums in Industrie- und Schwellenländern.

Warum also hat diese Anlageklasse noch nicht mehr Investoren angezogen? Dieses Kapitel befasst sich mit den verschiedenen Möglichkeiten, in Handelsfinanzierung zu investieren, ohne ein Unternehmen für dieses Geschäftsmodell gründen zu müssen.

Handelsfinanzierung ist eine attraktive Anlageklasse

Trotz ihrer einzigartigen Vorteile ist die Handelsfinanzierung in den Portfolios der Anleger nach wie vor unterrepräsentiert. Weil die Handelsfinanzierung nicht mit dem Aktienmarkt korreliert, wird ihr von Analysten und Forschern nur wenig Aufmerksamkeit geschenkt. Da die Banken ihre Rolle bei der Finanzierung des weltweiten Handels durch KMU einschränken, wächst die Nachfrage nach alternativen Kapitalquellen weiter, vor allem in aufstrebenden Branchen. Die Handelsfinanzierung bietet bessere und schnellere Renditen als herkömmliche Anlagen wie Aktien oder Anleihen.

Die Handelsfinanzierungslücke wurde durch mehrere Faktoren verschärft: die anhaltende Ablehnung von Anträgen auf Handelsfinanzierung durch große Banken, regulatorische Änderungen im Anschluss an die Weltfinanzkrise und die Herausforderungen, die sich durch die COVID-19-Pandemie ergeben haben. Trotz dieser Hürden hat sich die Handelsfinanzierung als bemerkenswert widerstandsfähig erwiesen, unabhängig von der Volatilität der Weltwirtschaft, einschließlich geopolitischer Spannungen und sich verändernder Strategien in der Handelspolitik, insbesondere zwischen bedeutenden Volkswirtschaften wie den USA und China. Daten aus dem Jahr 2023 unterstreichen diese Widerstandsfähigkeit: Während die globalen Handelsströme erheblichen Störungen ausgesetzt waren, blieb der Handelsfinanzierungssektor robust, was durch seine Anpassungsfähigkeit und seine entscheidende Rolle bei der Aufrechterhaltung der Lieferketten untermauert wird. Das ICC-Handelsregister für 2023 unterstreicht die Stabilität von Handelsfinanzierungs-Anlagen, selbst als die geopolitischen Risiken zunahmen, und bekräftigt ihren Wert als sichere Investition in unsicheren Zeiten.

Geopolitische Spannungen und Handelssanktionen prägen weiterhin die Landschaft der Handelsfinanzierung. Die USA und andere Staaten verhängen gerne umfangreiche Sanktionen als wirtschaftliche Waffen gegen Länder wie den Iran und China, während China Vergeltungsmaßnahmen ergreift. Trotz dieser Verwicklungen trägt die Handelsfinanzierung zu rund 90 Prozent zum Welthandel bei, was Investoren, die an der Überbrückung der Finanzierungslücke zwischen KMU und Lieferanten interessiert sind, erhebliche Möglichkeiten bietet.

In den letzten Jahren sind Finanzinstitute außerhalb des Bankwesens (Non-Banking Financial Institutions, NBFI) bei der Bereitstellung von Liquidität für KMU immer wichtiger geworden, vor allem, weil die traditionellen Banken die Vorschriften zur Kreditvergabe verschärfen. NBFI – darunter Fintech-Unternehmen, Private-Equity-Firmen und Versicherungsanbieter – bieten flexiblere und innovativere Finanzierungslösungen an und nutzen neue Technologien, um den Prozess zu straffen und die Finanzierung für kleinere Unternehmen besser zugänglich zu machen. Dieser Wandel fördert das Wachstum von KMU und bietet Anlegern eine große Chance, in einen widerstandsfähigen und expandierenden Markt einzusteigen.

Die Handelsfinanzierung fällt in die umfassendere Kategorie der Privatkredite, bei denen den Unternehmen im Voraus Kapital zu vereinbarten Rückzahlungsbedingungen zur Verfügung gestellt wird. Sie kann verschiedene Formen annehmen, je nach den spezifischen Bedürfnissen der KMU und der Art des Marktes, auf dem sie tätig sind, und je nachdem, ob sie Waren importieren oder exportieren. Der Mangel an leicht verwertbaren Informationen hält jedoch viele Investoren davon ab, sich mit Handelsfinanzierung zu befassen. Denn sie zögern möglicherweise dabei, in etwas zu investieren, was sie ohne Hilfe nicht verstehen können.

Für ein Handelsgeschäft sind sowohl ein Verkäufer als auch ein Käufer erforderlich, aber das zur Erleichterung der Transaktion benötigte Kapital stammt häufig von einem Dritten. Private Kreditgeber bieten eine praktikable und moderne Lösung für kleine und mittlere Unternehmen, die nicht über ausreichend Kapital verfügen. Handelsfinanzierung ist in hohem Maße besichert, was sie zu einem sichereren Investment als andere Finanzanlagen macht. Die Handelsfinanzierung ähnelt einem festverzinslichen Anlageprodukt, da sie eher in die Kategorie private Kreditvergabe als in die Kategorie »Private Equity« fällt.

Handelsfinanzierung als Inflationsabsicherung und strategische Investitionsentscheidung

Im gegenwärtigen wirtschaftlichen Umfeld, das durch anhaltende Inflation und unberechenbare Märkte gekennzeichnet ist, sind die Anleger auf der ständigen Suche nach Strategien, die ihr Kapital erhalten und nachhaltiges Wachstum ermöglichen. Traditionelle Zufluchtsorte wie Gold und Immobilien, die in der Vergangenheit für ihre Widerstandsfähigkeit gegen wirtschaftliche Abschwünge gepriesen wurden, könnten nun unter Herausforderungen leiden, die ihre Attraktivität beeinträchtigen.

Was Gold betrifft, so ist es zwar ein beständiger Wertspeicher, generiert aber keinerlei Erträge in Form von Dividenden oder Zinsen. Vielmehr greift es die Barreserven an, weil es Kosten für Lagerung und Versicherung verursacht. Immobilien sind zwar potenziell lukrativ, erfordern aber einen erheblichen Verwaltungsaufwand. Sie gehen mit hohen Transaktionskosten und eingeschränkter Liquidität einher, was sie für diejenigen, die Flexibilität und schnelle Erträge anstreben, weniger attraktiv macht.

Vor diesem Hintergrund erweist sich die Handelsfinanzierung – eine Unterkategorie der Privatkredite – als eine attraktive, da jahrhundertealte alternative Anlagestrategie, die eine neue Lösung für das Inflationsproblem bietet.

Die folgenden Ausführungen versuchen, das Wesen der Handelsfinanzierung, ihre Mechanismen, ihre Realisierbarkeit als Inflationsschutz, die zentrale Rolle der Kreditversicherung und die strategischen Überlegungen bei der Auswahl geeigneter Handelsfinanzierungsfonds zu entschlüsseln und damit einen Weg für Anleger aufzuzeigen, wie sie sich niedrige Volatilität durch erstklassige festverzinsliche Erträge zunutze machen können.

Die Attraktivität der Handelsfinanzierung in Zeiten der Inflation

Die Inflation, eine Plage für die Kaufkraft, kann Anlageportfolios destabilisieren. Die Handelsfinanzierung hingegen ist ein Beispiel für Widerstandsfähigkeit. Die inhärente Verbindung der Handelsfinanzierung mit Sachgütern und der materiellen Wirtschaft sorgt dafür, dass bei steigenden Preisen auch der Wert der durch die Handelsfinanzierung ermöglichten Transaktionen steigt. Diese direkte Korrelation stellt einen natürlichen Inflationsschutz dar und schützt das Kapital der Anleger vor den Folgen steigender Preise.

Darüber hinaus ermöglicht die typischerweise kurze Laufzeit von Handelsfinanzierungsverträgen einen schnellen Umsatz, so dass sich die Investoren flexibel an Marktveränderungen anpassen können. Das ist ein entscheidender Vorteil in einem inflationären Umfeld. Warren Buffetts Fischzüge in führenden japanischen Handelshäusern unterstreichen das Potenzial der Handelsfinanzierung, indem sie beachtliche Renditen abwerfen, und bestätigen, dass es sich dabei um eine strategische und sinnvolle Anlagemöglichkeit handelt.

Die Rolle der Kreditversicherung bei der Handelsfinanzierung

Die Kreditversicherung, ein wichtiger Bestandteil der Handelsfinanzierung, verringert das Zahlungsausfallrisiko, indem sie den Wert eines Geschäfts deckt, wenn der Käufer nicht zahlt. Dadurch wird die Anfälligkeit der Exporteure für die wirtschaftliche Instabilität ihrer Handelspartner verringert und eine von Zuversicht geprägte Verlängerung der Kreditlaufzeit ermöglicht. Für Investoren bedeutet dies eine sicherere Anlagemöglichkeit. Die Kreditversicherung spielt eine wichtige Rolle im Ökosystem der Handelsfinanzierung und schützt vor den Unwägbarkeiten grenzüberschreitender Transaktionen.

Die Auswahl der richtigen Handelsfinanzierungs-Zweckgesellschaft

Investitionen in die Handelsfinanzierung erfordern Umsicht. Die Auswahl einer geeigneten Geldanlage im Bereich der Handelsfinanzierung erfordert eine umfassende Bewertung seiner Risikomanagementstrategien, seiner Geschicklichkeit bei der Navigation durch die Feinheiten des internationalen Handels sowie der Transparenz und Attraktivität seiner Konditionen.

Die Anleger sollten sich für Anlageinstrumente entscheiden, die sich durch einen ausgeprägten Sachverstand im Bereich der Handelsfinanzierung, eine rigorose Due-Diligence-Prüfung und wettbewerbsfähige Renditen auszeichnen. Ein klug gewähltes Handelsfinanzierungsinstrument kann ein Eckpfeiler eines diversifizierten Anlageportfolios sein, das stabile Erträge und eine gesteigerte Liquidität bei gleichzeitiger Risikominderung bietet.

Impact Investing und Beiträge zur Wirtschaft

Die Handelsfinanzierung geht über das reine Investieren hinaus und dient als Kanal für Impact Investing. Indem sie Kapital in die Erleichterung des internationalen Handels lenken, tragen Investoren zur wirtschaftlichen Entwicklung bei, insbesondere in Schwellenländern, in denen der Zugang zu Finanzmitteln von größter Bedeutung ist. Die Schließung einer weltweiten Handelsfinanzierungslücke von 2,6 Billionen Dollar bringt finanzielle Erträge. Sie katalysiert einen positiven gesellschaftlichen Wandel, indem sie kleine und mittlere Unternehmen und das wirtschaftliche Rückgrat einer jeden Gesellschaft stärkt und Arbeitsplätze und wirtschaftliche Widerstandsfähigkeit schafft.

Auf jeden Fall eine empfehlenswerte Ergänzung für das Portfolio eines Anlegers

Während Investoren durch die turbulente See der Weltwirtschaft navigieren, ist die Handelsfinanzierung ein Leuchtturm für Stabilität und Wachstum. Ihre einzigartige Kombination aus Risikominderung, Liquidität und greifbarer wirtschaftlicher Aktivität macht sie zu einem beispielhaften Inflationsschutz. Handelsgeschäfte werden durch Kreditversicherungen unterstützt und die Handelsfinanzierung ist eine überzeugende Wahl für alle, die ihr Portfolio diversifizieren und gleichzeitig zum weltweiten wirtschaftlichen Fortschritt beitragen wollen. Sie sind der Inbegriff von Innovation und Chancen bei Strategien, die den Herausforderungen der Inflation begegnen sollen.

Leistungsmessung von Handelsfinanzierungsfonds: Auf der Suche nach einer geeigneten Benchmark

Ein korrektes Benchmarking ist vor der Auswahl und Investition in ein Instrument der Handelsfinanzierung von entscheidender Bedeutung, da es die frühere Performance gegenüber vergleichbaren Anlagen bewertet. Für Handelsfinanzierungsfonds ist die Auswahl einer geeigneten Benchmark nicht immer einfach. Aufgrund dieses Mangels an einem guten Vergleichsmaßstab vernachlässigen kritische Anleger eine Anlageklasse mit relativ geringer Volatilität und geringem Risiko und verpassen eine interessante Nischenanlagemöglichkeit.

Unsere jüngsten internen Untersuchungen bei Artis haben ergeben, dass keiner der von uns untersuchten Handelsfinanzierungsfonds derzeit an einem Private Debt Index gemessen wird, den wir für besser geeignet halten als einen Public Debt Index, der anderen Kriterien folgt.

Um den Unterschied zu verdeutlichen: Ein *Private-Debt-Index* (Index für private Schuldtitel) bildet die Wertentwicklung von Krediten an private Unternehmen ab, die nicht öffentlich gehandelt werden wie Aktien oder Staatsanleihen. Diese Kredite sind in der Regel Teil direkter Vereinbarungen mit Unternehmen und notieren nicht an öffentlichen Märkten. Ein Private-Debt-Index umfasst Darlehen oder Kredite, die in Form einer direkten Kreditvergabe, Mezzanine-Finanzierung, Vergabe von Hochzins-Krediten und anderer privater Kreditstrukturen an private Unternehmen ausgereicht werden. Diese Anlagen sind oft weniger liquide und werden nicht an öffentlichen Börsen gehandelt.

Im Gegensatz dazu umfasst ein *Public-Debt-Index* (Index für öffentliche Schuldtitel) Anleihen, die von Staaten oder börsennotierten Unternehmen begeben wurden, wie zum Beispiel US-Staatsanleihen oder deutsche Bundesanleihen. Diese Anleihen werden an Börsen gehandelt und haben in der Regel ein geringeres Risiko- und Ertragsprofil als private Schuldtitel.

Bei der Bewertung von Handelsfinanzierungsfonds ist es von entscheidender Bedeutung, die von ihnen verwendeten Benchmarks zu untersuchen. Häufig werden Public-Debt-Indizes verwendet, die jedoch in der Regel für die Handelsfinanzierung ungeeignet sind, während Private-Debt-Indizes einen wesentlich besser geeigneten Vergleich bieten. Durch die Ausrichtung an einem vergleichbaren Risiko-Rendite-Profil verbessern sorgfältiger ausgewählte Benchmarks die Analyse und Bewertung der Leistung eines Anlageinstruments, was letztlich das Verständnis und das Vertrauen der Anleger in den Handelsfinanzierungssektor erhöht.

Die üblichen Benchmarks und ihre Schwächen

Die meisten Handelsfinanzierungsfonds verwenden direkte Benchmarks wie die Zinssätze der Zentralbanken oder Public-Debt-Indizes. Handelsfinanzierungsfonds investieren jedoch in Finanzinstrumente wie Akkreditive, oft in Kombination mit einer (Export)Kreditversicherung, die nicht nur eine Rendite abwerfen, sondern auch den Austausch von Waren und Dienstleistungen erleichtern und Risiken wie Nichtzahlung oder Zahlungsverzug mindern, was bei reinen Zinsanlagen nicht der Fall ist.

Handelsinvestitionen erwirtschaften oft eine aktienähnliche Rendite aus einer Handelsspanne und nicht etwa aus Zinsen, so dass zinsbasierte Benchmarks für den Vergleich weniger geeignet sind; Renditen aus Private-Debt-Investitionen bieten die bessere Vergleichsmöglichkeit. Jeder Index, der Public-Debt-Instrumente – wie Leveraged Loans, hochverzinsliche Anleihen oder Geldmarktfonds – enthält, ist ebenfalls irrelevant, da die Handelsfinanzierung nichts mit solchen Instrumenten zu tun hat.

In der heutigen Zinssituation bedeutet die Bewertung eines Anlageprodukts anhand der Zinssätze oder der öffentlichen Verschuldung, dass eine jährliche Rendite von 14 bis 20 Prozent für Handelsfinanzierungsinvestitionen im Private-Debt-Sektor mit einer Rendite von 4 bis 8 Prozent im Public-Debt-Index verglichen wird. Die Anleger könnten solche Vergleiche als verwirrend oder unangemessen empfinden, was ihr Vertrauen nicht gerade stärkt.

Wie könnte eine maßgeschneiderte Benchmark für die Handelsfinanzierung aussehen?

Wir wollen uns mit geeigneteren Benchmarking-Lösungen befassen, zum Beispiel mit einer maßgeschneiderten Benchmark. Eine maßgeschneiderte Benchmark ist ein individuell definierter Index (Custom-Index), der ausdrücklich für eine bestimmte Anlagestrategie oder eine bestimmte Anlageklasse, wie zum Beispiel die Handelsfinanzierung, entwickelt wurde. Sie ermöglicht einen genaueren Vergleich von Volatilität und Performance Ihrer Anlage in die Handelsfinanzierung.

Dies würde zwar ein genaues Bild von Risiko und Rendite vermitteln, aber den Anlegern keinen anerkannten oder vertrauten Index bieten, auf den sie sich verlassen und mit dem sie sich wohlfühlen können. Maßgeschneiderte Benchmarks sind oft schwierig zu erstellen, da die Beschaffung der Daten teuer sein kann und womöglich ein Abonnement bei mehreren spezialisierten Anbietern erfordert.

Warum ist ein bekannter Index wichtig für das Vertrauen der Anleger?

Einen bekannten Aktienindex wie den S&P 500 als Benchmark zu wählen, könnte eine weitere Möglichkeit sein, sich mit dem Index vertraut zu machen. Das Risiko-Rendite-Profil von Aktienindizes lässt sich jedoch nicht gut mit privaten Fremdkapitalinvestitionen vergleichen; Handelsfinanzierungen sind eine Unterkategorie davon.

Viele Handelsfinanzierungsfonds weisen eine geringere Volatilität auf als andere Anlageklassen, einschließlich Aktien und große Teile des Public-Debt-Marktes. Zur Veranschaulichung: Bei Marktzusammenbrüchen wie der Weltfinanzkrise 2008, als der Aktienmarkt einen schweren Abschwung erlebte, waren Handelsfinanzierungsfonds im Allgemeinen viel weniger betroffen als Aktienfonds und verhielten sich in volatilen Zeiten besser. Handelsfinanzierungen sind auch nicht mit Private-Equity-Benchmarks vergleichbar.

Diese Kombination aus erstklassigen Renditen und geringem Verlustrisiko bietet den Anlegern ein großes Potenzial für Anlageinstrumente im Bereich der Handelsfinanzierung. Die Herausforderung besteht darin, eine Benchmark zu finden, die Vertrauen schafft – einen anerkannten Index, der genaue Vergleiche ermöglicht.

Sind Private-Debt-Benchmarks die bessere Wahl?

Nach sorgfältiger Analyse erweisen sich Private-Debt-Benchmarks als am besten geeignet für Handelsfinanzierungsfonds. Diese Indizes weisen ein Kredit- und Risiko-Rendite-Profil auf, das denen von Handelsfinanzierungsfonds sehr ähnlich sind. Sie sind »privatsektorbezogen«, das heißt, sie bestehen in erster Linie aus Krediten und Investitionen im Privatsektor ohne in öffentlichen Schuldtiteln engagiert zu sein.

Ein Private-Debt-Index weist beispielsweise eine Rendite von rund 12 Prozent im Jahr 2023 und von 9 Prozent im Durchschnitt der letzten fünf Jahre auf, was einen genaueren Vergleich mit Handelsfinanzierungsinvestitionen ermöglicht. Während einige Handelsfinanzierungsfonds Private-Debt-Indizes übertroffen haben, war dies bei anderen nicht der Fall.

Da Private-Debt-Indizes eine genauere Benchmarking-Möglichkeit bieten, bleibt es der Spekulation überlassen, warum die Handelsfonds keine Private-Debt-Indizes, sondern stattdessen weniger geeignete Benchmarks verwendet haben.

Wie dem auch sei: Die Verwendung weniger geeigneter Vergleichsmaßstäbe untergräbt das Vertrauen der Anleger, unabhängig vom Investmentsektor oder der Anlageklasse.

Eine angemessenere Benchmark sorgt für mehr Transparenz und schafft Vertrauen in den Markt und die Anlageklasse.

Fazit

Handelsfinanzierungsfonds oder andere Anlageinstrumente stellen vor allem dann eine attraktive Investitionsmöglichkeit dar, wenn sie durch eine Kreditversicherung abgesichert sind. Einige Fonds in diesem Sektor bieten stabile, zweistellige Renditen bei geringerem Risiko als andere Schuldenmärkte, dank besicherter Transaktionen und des Handels mit zuverlässigen Geschäftspartnern. Die wahre Attraktivität von Handelsfinanzierung als Anlageklasse wird erst deutlich, wenn sie anhand einer geeigneten Benchmark bewertet wird.

Ich hoffe, dass dieses Buch die Vorteile von Investitionen in die Handelsfinanzierung erfolgreich aufgezeigt und ein tieferes Verständnis für ihr Potenzial vermittelt hat.

GLOSSAR

Akkreditiv	Die Verpflichtung einer Bank zur Zahlung nach Erfüllung und Bestätigung vorher vereinbarter Vertragsbedingungen
AML	»Anti-Money Laundering«, Geldwäschebekämpfung
B2B	Business-to-Business (Firmenkundengeschäft), siehe »P2P«
BaFin	Bundesanstalt für Finanzdienstleistungsaufsicht (Deutschland)
Bankakzept	Eine besondere Art von Wechsel, die seit Beginn der Handelsgeschichte von internationalen Kaufleuten zur Finanzierung ihrer Handelsaktivitäten verwendet wurde.
Bankgarantie	Ein von einer Bank ausgegebenes Finanzinstrument, das garantiert, dass ein vereinbarter Betrag zu einem vereinbarten Zeitpunkt an einen Geldgeber gezahlt wird.
Basel-Regulierungen	Die Basel-Regulierungen sind ein internationales Regelwerk, das vom Basler Ausschuss für Bankenaufsicht entwickelt wurde. Ihr Hauptziel ist die Stabilisierung des internationalen Finanzsystems durch einen regulatorischen Rahmen.
Big Data	Extrem große Datensätze, die bei der Analyse durch einen Computer Muster, Trends und Zusammenhänge erkennen lassen.
BIP	Bruttoinlandsprodukt
Blockchain	Ein digitales Verzeichnis, in dem Transaktionen über ein redundantes Netz von miteinander verbundenen Computern aufgezeichnet werden. Das Ziel dieser redundanten Aufzeichnungen besteht darin sicherzustellen, dass das System nicht manipuliert und nachträglich geändert werden kann.
CBR	(»Correspondent Banking Relationship«) Korrespondenzbankbeziehung
CHF	Schweizer Franken
DeFi	(»Decentralised Finance«) Dezentralisiertes Finanzwesen
Disintermediation	Verzicht auf Zwischenhändler bei einer Transaktion
DLT	Distributed-Ledger-Technologie: Manipulationssicheres, dezentrales System basierend auf unzähligen Kontenpunkten zur Aufzeichnung von in der Vergangenheit vollzogenen Transaktionen, wie es bei einer Blockchain verwendet wird.
DPO	(»Days Payable Outstanding«) Kreditorenlaufzeit (die durchschnittliche Anzahl von Tagen, die ein Unternehmen benötigt, um seine Lieferanten zu bezahlen, und ein Maßstab für Inves-

	toren und Finanzierungsgesellschaften, um die Kreditwürdigkeit eines Unternehmens zu beurteilen)
ESG	(»Environmental, Social and Governance«) Umwelt, Soziales und Unternehmensführung
ESR	(»Environmental and Socially Responsible Standards«) Umwelt- und Sozialstandards
Factoring	Handel mit Forderungen
FATF	Financial Action Task Force (USA)
FCA	Financial Conduct Authority (Großbritannien)
FINMA	Eidgenössische Finanzmarktaufsicht (Schweiz)
Fintech	Finanztechnologie, das heißt die Integration von Technologie in die Erbringung von Finanzdienstleistungen durch ein Unternehmen. Ziel ist es, Innovationen zu schaffen und den Kunden bessere Dienstleistungen anzubieten.
FMCG	(»Fast Moving Consumer Goods«) Schnelldrehende Konsumgüter
Frachtbrief	(auch »Konnossement«) Papier, das belegt, dass eine bestimmte Ladung oder Warenpartie bereits finanziert und schon einem Bestimmungsort zugewiesen wurde.
ICC	(»International Chamber of Commerce«) Internationale Handelskammer
IWF	Internationaler Währungsfonds
Kauf und Verkauf	Die finanzierende Partei tritt an die Stelle des Käufers und übernimmt das Eigentum an dem finanzierten Objekt.
KI	Künstliche Intelligenz
KMU	Kleine und mittlere Unternehmen
Kontokorrent	Abrechnungsweise, bei der die Waren versendet und geliefert werden, bevor die Zahlung fällig ist.
Kryptowährung	Eine digitale Währung, bei der Kryptographie für Transaktionen verwendet wird, die von einem dezentralen System überprüft und aufgezeichnet werden.
KYC	»Know Your Customer« (»Kenne deinen Kunden«)
Large Caps	Große Unternehmen mit einer Marktkapitalisierung zwischen 10 Milliarden und 200 Milliarden US-Dollar. Dies sind in der Regel große Aktienwerte, die sich als stabiler erweisen und daher von den Anlegern bevorzugt werden.
Laufzeit	Die Anzahl der Kalendertage bis zur Fälligkeit eines Geschäfts
OECD	Organisation für wirtschaftliche Zusammenarbeit und Entwicklung
P2P	Peer to Peer (Kreditplattformen zwischen Privaten), siehe »B2B«

Panama Papers	Geleakte Finanzdokumente, in denen Einzelheiten zu Zehntausenden von Offshore-Unternehmen genannt werden, in denen eine ehemalige Anwaltskanzlei aus Panama – Mossack Fonseca – besonders aktiv war.
Paradise Papers	Geleakte Details von Offshore-Dienstleistern, die sich die *Süddeutsche Zeitung* verschafft hat. Diese Papiere enthüllten finanzielle Aktivitäten von Politikern, Unternehmen, Staatsoberhäuptern und Prominenten aus der ganzen Welt.
PPP	Paycheck Protection Program. US-Hilfsprogramm für Unternehmen während der COVID-19-Pandemie
Rückkaufvereinbarung	Das Ziel ist es, sofort Geld für die Vereinbarung zu leihen. Eine Partei verkauft einen Vermögenswert an eine andere Partei zu einem bestimmten Preis und verpflichtet sich, denselben Vermögenswert oder einen anderen Teil davon von der zweiten Partei zu einem anderen Preis zu einem späteren Zeitpunkt oder auf Verlangen zurückzukaufen.
SCF	(»Supply Chain Financing«) Lieferkettenfinanzierung
Anspruchsinhaber bei Zahlungsausfällen	Die Partei, an die die Kreditversicherung die Forderung aus einem Schaden zu zahlen hat.
Schneeballsystem	(Auch «Ponzi-Scheme«). Ein Betrugsmodell, bei dem den Anlegern der Erfolg eines nicht existierenden Unternehmens vorgegaukelt wird, indem den früheren Anlegern schnelle Renditen aus dem später investierten Geld gezahlt werden. (Die englische Bezeichnung ist benannt nach Charles Ponzi, 1920.)
SDN	(»Specially Designated Nationals«), US-Liste der »Besonders benannten Staatsangehörigen und gesperrten Personen«
Skonto	Rabatt bei Einhaltung einer vereinbarten Zahlungsfrist
Sōgō Shōsha	Große japanische Mischkonzerne, die über viele Plattformen handeln.
Stillhalteabkommen	Im Jahr 1931 eingeführte Kapitalkontrollen für Bankinstitute in Europa.
UBO	(»Ultimate Beneficial Owners«) Wirtschaftlich Berechtigte an einem Unternehmen
WEF	(»World Economic Forum«) Weltwirtschaftsforum
WTO	(»World Trade Organization«) Welthandelsorganisation
Zahlungsausfall-Klausel	Versicherungsklausel, die bei einem Nichtzahlungstatbestand sicherstellt, dass alle Schadensfälle innerhalb von sechs Monaten reguliert werden, unabhängig von der Gerichtsbarkeit.

QUELLENANGABEN

Accominotti, Olivier (2012): »London Merchant Banks, the Central European Panic, and the Sterling Crisis of 1931«, *The Journal of Economic History* 72(1): 1–43.

Artis Trade Invest: »Eminent«, https://artistradeinvest.com

Basquill, John (2020a): »Legal Roundtable: Learning Lessons from Trade Finance Fraud«, *Global Trade Review*, 21.01.2020.

Basquill, John (2020b): »Money laundering groups exploiting trade finance transactions task force«, *Global Trade Review*, 09.12.2020.

Beattie, Andrew (2020): »How Did Nick Leeson Contribute to the Fall of Barings Bank?«, *Investopedia*, 23.03.2020.

BIS (2020): »History of the Basel Committee«, https://www.bis.org/about/history.htm?m=13, abgerufen am 09.11.2020.

BIS (2021): »Basel Committee Overview«, https://www.bis.org/bcbs/index.htm

Business Review (2021): »Understanding the Impact of COVID-19 on Factoring's Popularity«, *Business Review*, 15.03.2021.

Carbajo, Marco (2019): »Small Business: 5 Facts You Need to Know About Trade Finance«, *the balance*, 09.12.2019, https://www.thebalancemoney.com/trade-finance-explained-5-facts-you-need-to-know-3953592

Chanjaroen, Chanyaporn; Cang, Alfred & Chen, Lulu Yilun (2020): »Trade Finance Under Scrutiny in Singapore«, *Treasury & Risk*, 09.07.2020.

Chen, James (2019): »Know Your Client (KYC)«, *Investopedia*.

Chen, James (2020): »Derivative – How the Ultimate Hedge Play Works«, *Investopedia*, 27.01.2020.

City A.M. (2014): »Merchant Banks No Longer Rule the City but Their Influence Hasn't Gone«, *City A. M.*, 14.11.2014.

Comfort, Nicholas; Arons, Steven & De Paoli, Luca (2021): »Are You a Robot?«, *Bloomberg*.

Craig, Ben R. (2019): »Economic Commentary: The Souk al-Manakh Crash«, Federal Reserve Bank of Cleveland.

Dann, Clarissa (2017): »Trade finance and the blockchain – three essential case studies«, *flow*, Dezember 2017, https://flow.db.com/trade-finance/trade-finance-and-the-blockchain-three-essential-case-studies

Denton, John (2020): »Letter: Small Business Needs the G20 to Safeguard Trade Financing«, *Financial Times*, 17.11.2020.

Dow Jones (2021): »Risk Compliance Glossary: What are Dual-Use Goods?«, https://www.dowjones.com/professional/risk/ glossary/ dual-use-goods-definition/

FATF & Egmont Group (2020): »Trade-Based Money Laundering Trends and Developments«, FATF & Egmont Group Report.

FBI (2021): »NICS Firearm Background Checks«, Federal Bureau of Investigation.

Federal Reserve Bank (2019): »Report on Employer Firms: Small Business Credit Survey«, White Paper, Federal Reserve Bank.

Greenwald, John (1983): »A Very Special Recession«, *TIME Magazine*, 28.11.1983.

GTR (2021): »How trade finance can join the dots on ESG«, *Global Trade Review*, 19.04.2021, https://www.gtreview.com/magazine/volume-19-issue-2/trade-finance-can-join-dots-esg/

Hayes, Adam (2021a): »Short Straddle Definition«, *Investopedia*, 16.03.2021.

Hayes, Adam (2021b): »Premium«, *Investopedia*, 24.08.2021.

Horneblower, Sam (2013): »Is Wal-Mart Good for America?«, *FRONTLINE*, PBS.

ICC Banking Commission (2013): »2013 Global Risks Trade Finance Report Guiding International Banking Practice Driving Change in Trade Finance«, ICC, April 2013.

ICC (2020): »Priming the Market to Drive a Rapid Economic Recovery«, ICC, Mai 2020, https://iccwbo.org/news-publications/policies-reports/trade-financing-and-covid-19/

ICIJ (2017): »About the Paradise Papers Investigation«, International Consortium of Investigative Journalists, 05.11.2017, https:// www.icij. org/investigations/paradise-papers/about/

IG (2019): »Derivative Definition«, IG, Mai 2019.

International Chamber of Commerce (2019a): »ICC Trade Register Report Global Risks in Trade Finance«, ICC.

International Chamber of Commerce (2019b): »Market Trends Analysis of Trade Finance Products Analysis of Supply Chain Finance Analysis of Export Finance Products«, https://library.iccwbo.org/content/tfb/pdf/2019-icctraderegisterreport.pdf

International Chamber of Commerce (2020): »Priming trade finance to safeguard SMEs and power a resilient recovery from Covid-19«, 09.11.2020, https://iccwbo.org/news-publications/policies-reports/priming-trade-finance-to-safeguard-smes-and-power-a-resilient-recovery-from-covid-19/

International Labour Organization (2019): »The Power of Small: Unlocking the Potential of SMEs«, ILO.

International Trade Administration (2012): »Trade Financing Guide: Open Accounts«, 13.11.2012, https://www.trade.gov/report/trade-finance-guide#:~:text=An%20open%20account%20transaction%20 in,30%2C%2060%20or%2090%20days

Jeffery, Claudia (2020): »AI and Cryptocurrency«, *Global Trade Mag* 11:2020.

Kagan, Julia (2020): »Letter of Credit«, *Investopedia*, 14.04.2020.

Kagan, Julia (2021): »Loss Payee«, *Investopedia*, 17.09.2021.

Karthikeyan, Sumitra; Meneguzzo, Jacopo; Wachters, Ian; Agarwal, Tushar; Van den Heuvel, Martin & Wirtz-Peitz, Frederik (2019): »Breaking The Commodity Trap In Trade Finance«, *BCG Global*, 09.07.2019, https://www.bcg.com/publications/2019/breaking-commodity-trap-trade-finance

Kazmi, Robert (2021): »AI in Fintech: Use Cases«, *koombea*, 17.09.2021, https://www.koombea.com/blog/ai-in-fintech/

Keljikian, Sadie & Estrakh, David (2017): »Trade Finance vs. Bank Loans Part I: Why Trade Finance?«, *Express Trade Capital*, 27.01.2017, https:// expresstradecapital.com/trade-finance-vs-bank-loans-part-1

Lopez, Adam (2021): »What Does Loss Payee Mean in Insurance Terms?«, BCS University.

Mulroy, Peter (2021): »International Factoring – Benefits«, *FCI*.

Nelson, Eshe; Ewing, Jack & Alderman, Liz (2021): »The Swift Collapse of a Company Built on Debt«, *New York Times*.

Niche Trade Credit (2021): »Trade Credit vs. Trade Finance: What's the Difference?«, https://nichetc.com.au/trade-credit-vs-trade-finance-whats-the-difference/

Obermaier, Frederik; Ryle, Gerard & Obermayer, Bastian (2016): »Panama Papers«, https://panamapapers.org/.

OECD (2021): »Trade Finance for SMEs in the Digital Era«, *OECD SME and Entrepreneurship Papers.*

Paoli, Lucca De & Ahmed, Nabila (2021): »Greensill's Swift Fall was Triggered by Insurer Who Balked«, *Bloomberg.*

PYMNTS (2021): »Greensill: One-Off Unravelling or Hint of Supply Chain Financing Issues?«, *PYMNTS*, 02.03.2021.

Reuters (2011): »Factbox: Japan Markets and Economy after Kobe Earthquake«, *Reuters.*

RTS Financial (2017): »Factoring Helps Firearms Companies Boost Cash Flow, Meet Customer Demands«, *RTS Financial.*

Ryan, Patrick (2013): »The Sogo Shosha – an Insider's Perspective«, Marubeni Research Institute, 28.08.2013, https://www.marubeni.com/en/research/report/industry/japan/data/shoshaexp2.pdf

Schaefer, Scott (2021): »Global Trade Funding«, *Import Bank Guarantees.*

Schwellenbach, Nick & Summers, Ryan (2021): »Red Flags: The First Year of COVID-19 Loan Fraud Cases«, *POGO.*

Shimizu, Ritsuko (2016): »Japan's Mitsubishi Corp targets majority stake in Lawson«, *Reuters*, 15.09.2016, https://www.reuters.com/article/idUSKCN11L0A6/

Simmons & Simmons (2021): »FinTech in Trade & Trade Finance«, https://files.simmons-simmons.com/api/get-asset/20161214_Overview_of_FinTech_in_Trade_flyer.pdf?id=blt7223b4b77e4c3bc5

Smith, Robert (2020): »SoftBank-backed Greensill suffers rade of client defaults«, *Financial Times.*

Tanaka, Takayuki: »Research on Sogo Shosha: Origins, Establishment and Development«, Japan Foreign Trade Council, Inc., Oktober 2012, https://www.jftc.or.jp/shosha/publish/2012_03_ en.pdf

Tardi, Carla (2024): »Value Chain: Definition, Model, Analysis, and Example«, *Investopedia*, 14.02.2024, https:// www.investopedia.com/terms/v/valuechain.asp

The Federal Reserve Board, Board of Governors of the Federal Reserve System (2024): »About the Fed«, 14.11.2024, https://www. federalreserve.gov/aboutthefed.htm

Trade Finance Global (2021): »What Is Receivables Discounting?«, *Trade Finance Global.*

Wass, Sanne (2019): »Trade Finance Funds Grow as Investors Seek ›Recession Proof‹ Asset Class«, 04.11.2019. https://thriver.finance/wp-content/uploads/2021/03/Trade-finance-funds-grow-as-investors-seek-recession-proof-asset-class-II-3.pdf

Watanabe, Akira & Jansen, Marius B. (2019): »Japan: History, Flag, Map, Population, & Facts«, *Encyclopædia Britannica.*

Yep, Eric (2020): »After Hin Leong: Collapse of a Singaporean Oil Prodigy«, *SP Global.*

Zaldokas, Alminas & Bisetti, Emilio (2021): »Supplying Finance to Supply Chains«, *South China Morning Post.*

INDEX